上海市职业教育"十四五"规划教材

世界技能大赛项目转化系列教材

酒店接待

Hotel Reception

主　编◎姜　红　裘亦书　丁延芳

副主编◎宋志培　周　伟　连雨沁

上海教育出版社
SHANGHAI EDUCATIONAL
PUBLISHING HOUSE

世界技能大赛项目转化系列教材
编委会

序

　　世界技能大赛是世界上规模最大、影响力最为广泛的国际性职业技能竞赛，它由世界技能组织主办，以促进世界范围的技能发展为宗旨，代表职业技能发展的世界先进水平，被誉为"世界技能奥林匹克"。随着各国对技能人才的高度重视和赛事影响不断扩大，世界技能大赛的参赛人数、参赛国和地区数量、比赛项目等都逐届增加，特别是进入21世纪以来，增幅更加明显，到第45届世界技能大赛赛项已增加到六大领域56个项目。目前，世界技能大赛已成为世界各国和地区展示职业技能水平、交流技能训练经验、开展职业教育与培训合作的重要国际平台。

　　习近平总书记对全国职业教育工作作出重要指示，强调加快构建现代职业教育体系，培养更多高素质技术技能人才、能工巧匠、大国工匠。技能是强国之基、立国之本。为了贯彻落实习近平总书记对职业教育工作的重要指示精神，大力弘扬工匠精神，加快培养高素质技术技能人才，上海市教育委员会、上海市人力资源和社会保障局经过研究决定，选取移动机器人等13个世赛项目，组建校企联合编写团队，编写体现世赛先进理念和要求的教材（以下简称"世赛转化教材"），作为职业院校专业教学的拓展或补充教材。

　　世赛转化教材是上海职业教育主动对接国际先进水平的重要举措，是落实"岗课赛证"综合育人、以赛促教、以赛促学的有益探索。上海市教育委员会教学研究室成立了世赛转化教材研究团队，由谭移民老师负责教材总体设计和协调工作，在教材编写理念、转化路径、教材结构和呈现形式等方面，努力创新，较好体现了世赛转化教材应有的特点。世赛转化教材编写过程中，各编写组遵循以下两条原则。

原则一，借鉴世赛先进理念，融入世赛先进标准。一项大型赛事，特别是世界技能大赛这样的国际性赛事，无疑有许多先进的东西值得学习借鉴。把世赛项目转化为教材，不是简单照搬世赛的内容，而是要结合我国行业发展和职业院校教学实际，合理吸收，更好地服务于技术技能型人才培养。梳理、分析世界技能大赛相关赛项技术文件，弄清楚哪些是值得学习借鉴的，哪些是可以转化到教材中的，这是世赛转化教材编写的前提。每个世赛项目都体现出较强的综合性，且反映了真实工作情景中的典型任务要求，注重考查参赛选手运用知识解决实际问题的综合职业能力和必备的职业素养，其中相关技能标准、规范具有广泛的代表性和先进性。世赛转化教材编写团队在这方面都做了大量的前期工作，梳理出符合我国国情、值得职业院校学生学习借鉴的内容，以此作为世赛转化教材编写的重要依据。

原则二，遵循职业教育教学规律，体现技能形成特点。教材是师生开展教学活动的主要参考材料，教材内容体系与内容组织方式要符合教学规律。每个世赛项目有一套完整的比赛文件，它是按比赛要求与流程制定的，其设置的模块和任务不适合照搬到教材中。为了便于学生学习和掌握，在教材转化过程中，须按照职业院校专业教学规律，特别是技能形成的规律与特点，对梳理出来的世赛先进技能标准与规范进行分解，形成一个从易到难、从简单到综合的结构化技能阶梯，即职业技能的"学程化"。然后根据技能学习的需要，选取必需的理论知识，设计典型情景任务，让学生在完成任务的过程中做中学。

编写世赛转化教材也是上海职业教育积极推进"三教"改革的一次有益尝试。教材是落实立德树人、弘扬工匠精神、实现技术技能型人才培养目标的重要载体，教材改革是当前职业教育改革的重点领域，各编写组以世赛转化教材编写为契机，遵循职业教育教材改革规律，在职业教育教材编写理念、内容体系、单元结构和呈现形式等方面，进行了有益探索，主要体现在以下几方面。

1. 强化教材育人功能

在将世赛技能标准与规范转化为教材的过程中，坚持以习近平新时代中国特色社会主义思想为指导，牢牢把准教材的政治立场、政治方向，把握正确的价值导向。教材编写需要选取大量的素材，如典型任务与案例、材料与设备、软件与平台，以及与之相关的资讯、图片、视频等，选取教材素材时，坚定"四个自信"，明确规定各教材编写组，要从相关行业企业中选取典型的鲜活素材，体现我国新发展阶段经济社会高质量发展的成果，并结合具体内容，弘扬精益求精的工匠精神和劳模精神，有机融入中华优秀传统文化的元素。

2. 突出以学为中心的教材结构设计

教材编写理念决定教材编写的思路、结构的设计和内容的组织方式。为了让教材更符合职业院校学生的特点，我们提出了"学为中心、任务引领"的总体编写理念，以典型情景任务为载体，根据学生完成任务的过程设计学习过程，根据学习过程设计教材的单元结构，在教材中搭建起学习活动的基本框架。为此，研究团队将世赛转化教材的单元结构设计为情景任务、思路与方法、活动、总结评价、拓展学习、思考与练习等几个部分，体现学生在任务引领下的学习过程与规律。为了使教材更符合职业院校学生的学习特点，在内容的呈现方式和教材版式等方面也尝试一些创新。

3. 体现教材内容的综合性

世赛转化教材不同于一般专业教材按某一学科或某一课程编写教材的思路，而是注重教材内容的跨课程、跨学科、跨专业的统整。每本世赛转化教材都体现了相应赛项的综合任务要求，突出学生在真实情景中运用专业知识解决实际问题的综合职业能力，既有对操作技能的高标准，也有对职业素养的高要求。世赛转化教材的编写为职业院校开设专业综合课程、综合实训，以及编写相应教材提供参考。

4. 注重启发学生思考与创新

教材不仅应呈现学生要学的专业知识与技能，好的教材还要能启发学生思考，激发学生创新思维。学会做事、学会思考、学会创新是职业教育始终坚持的目标。在世赛转化教材中，新设了"思路与方法"栏目，针对要完成的任务设计阶梯式问题，提供分析问题的角度、方法及思路，运用理论知识，引导学生学会思考与分析，以便将来面对新任务时有能力确定工作思路与方法；还在教材版面设计中设置留白处，结合学习的内容，设计"提示""想一想"等栏目，起点拨、引导作用，让学生在阅读教材的过程中，带着问题学习，在做中思考；设计"拓展学习"栏目，让学生学会举一反三，尝试迁移与创新，满足不同层次学生的学习需要。

世赛转化教材体现的是世赛先进技能标准与规范，且有很强的综合性，职业院校可在完成主要专业课程的教学后，在专业综合实训或岗位实践的教学中，使用这些教材，作为专业教学的拓展和补充，以提高人才培养质量，也可作为相关行业职工技能培训教材。

编委会

2022 年 5 月

前　言

一、世界技能大赛酒店接待项目简介

酒店接待（Hotel Reception）项目属于世界技能大赛"社会及个人服务"大类比赛项目，项目编号为56。我国于2010年加入世界技能组织，在2019年第45届世界技能大赛中第一次参加酒店接待项目比赛。

酒店接待项目是模拟酒店前台真实运营情况的竞赛项目。选手应能根据目标酒店相关规章制度及流程，处理客人在预订、入住、在店、退房阶段的各类需求，并完成前台接待员在办公室内的相关工作。内容主要包括：（1）酒店客房预订；（2）酒店入住接待；（3）酒店退房结账；（4）客人投诉和突发事件处理；（5）旅游推荐；（6）客人问询接待；（7）核算相关数据；（8）电子信函写作。

酒店接待项目共涉及四种客人类型，即家庭娱乐客人、残障客人、VIP客人、多元文化客人。比赛中对选手的技能要求主要包括：（1）良好的职业形象、礼仪修养、书面英语和口语表达能力；（2）极佳的沟通表达艺术、销售技巧、处理客人公共关系和解决突发事件的能力；（3）充分的旅游文化知识和多元文化背景知识；（4）扎实的计算机互联网应用、收银、预订程序、接待问询、入住退房等业务知识和技能。

酒店接待项目作为全英文赛项，考核涉及的知识面广，考核题目完全保密，既有预订、入住、退房、问询等常见情景，也有客人受伤、酒店停电等突发事件，涉及VIP客人、多元文化客人的特殊需求，体现了该项目的技能复合性与技术交叉性。酒店接待项目的世赛标准规范文件（World Skills Standard Specification，简称WSSS）规定了酒店接待技术和职业最高国际水平所需的知识、理解力和具体技能，反映了全球范围对于酒店前台接待员这份工作或这一职位的理解。

二、教材转化路径

从世界技能大赛酒店接待项目到教材的转化，主要遵循两条原则：一是教材编写依据世赛的职业技能标准和评价要求，确定教材的内容和每单元的学习目标，充分体现教材与世界先进标准的对接，突出教材的先进性和综合性；二是教材编写符合学生学习特点和教学规律，从易到难，从单一到综合，确定教材的内容体系，构建起有利于教与学的教材结构，把世赛的标准、规范融入具体的学习任务中。

根据酒店接待项目世赛标准技术规范，按照酒店接待项目的竞赛内容和工作流程，本教材把世赛的竞赛模块转化为教材的职业能力模块，实现了世赛竞赛模块与教材职业能力模块的全面对接；基于任务引领理念，对每一职业能力模块涵盖的知识、技能、素养进行全面分析与梳理，确立了 12 个面向具体教学情景的典型工作任务，构建形成"竞赛模块—职业能力模块—典型工作任务"的教材转化路径，全面落实世赛酒店接待项目的技术规范。

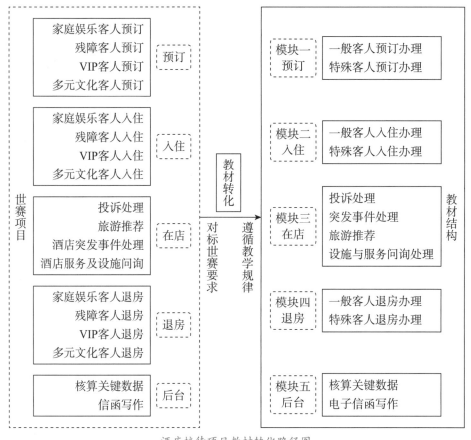

酒店接待项目教材转化路径图

目　录

模块一

预订

客人在入住酒店的过程中有三个重要阶段，即预订、入住、退房。预订阶段是客人与酒店的第一次接触，对客人是否购买酒店的产品和服务有重要影响。因此，酒店前台接待员必须掌握预订的基本流程，熟悉酒店房型、房价，具备良好的沟通技巧和服务意识。

本模块分为两个任务：任务1，一般客人预订办理；任务2，特殊客人预订办理。我们先学习为一般客人办理预订手续的基本流程，再逐渐拓展至学习对家庭娱乐客人、残障客人、VIP客人的接待流程。

图1-0-1　接待员接听预订电话

任务 1 一般客人预订办理

学习目标

1. 能了解酒店为一般客人办理预订手续的程序。
2. 能理解并熟记酒店常见的预订方式。
3. 能及时处理一般客人在预订过程中提出的个性化需求。
4. 能在酒店无房可售时，婉拒客人的预订。
5. 能树立良好的服务意识，积极主动地为客人提供优质的服务。

情景任务

某天，王先生致电上海公园大酒店前台，想要预订一间大床房，一位客人入住，8 月 7 日抵店，8 月 10 日退房，共入住 3 晚。请你作为接待员，为王先生办理电话预订。

思路与方法

预订是指客人在抵店前，要求酒店为其保留客房的预先约定。规范、高效的预订需要接待员熟悉预订办理流程（Standard Operating Procedure，简称 SOP），掌握常用的预订方法，处理预订中的一些特殊情况，如客人取消或变更预订。

一、预订流程可以分为哪几个部分？

为客人办理预订手续是接待员的基本工作内容，可以分为问候、了解客人需求并推荐房型、完成预订办理、礼貌道别四个部分。

提示

SOP 就是标准化的作业程序，是指将某一事项的标准操作步骤和要求以统一的格式描述出来，用于指导和规范该事项的日常操作。它以文档的形式，详细描述操作人员在生产操作过程中的操作步骤和应当遵守的事项，既是操作说明书，也是检查员指导工作的依据。

表 1-1-1　预订流程

问候	（1）主动问候并自我介绍 （2）询问客人是否需要帮助 （3）确认客人的姓名
了解客人需求 并推荐房型	（1）询问客人的基本入住信息 （2）通过寒暄了解客人的出行目的 （3）介绍房间类型并报价
完成预订办理	（1）询问客人对房间的偏好 （2）介绍酒店的设施设备和配套服务 （3）询问客人的具体预订信息 （4）记录客人的联系方式，重复预订信息
礼貌道别	（1）询问客人是否需要其他服务 （2）礼貌致谢并道别

房价查询

筛选栏　房价码　　　　　　　　　　☰　○P协议　◉A全部　□已关闭　☑V保密及公开　○钟点房价　◉最优价　○月租价

2020-04-14 1房晚数1房数1人数　　　　　　　　　　　　　　　　商务活动（无）

房间类型	货币	CSL	SSM	SKM	DSS	DKS	STS	ESM	ESS	SPS
可卖房		35	116	97	98	66	34	12	11	1
含超预订		35	116	97	98	66	34	12	11	1
GROUP_A		500.00	600.00	600.00	800.00	800.00				
AIR		500.00	700.00	700.00	900.00	900.00	1,100.00			
GROUP_B		450.00	550.00	550.00	750.00	750.00				
HALFBOARD		670.00	870.00	870.00	1,070.00	1,070.00	1,270.00	1,620.00	2,020.00	
COMP		0.00	0.00	0.00	0.00	0.00				
RACK		600.00	800.00	800.00	1,000.00	1,000.00	1,200.00	1,600.00	2,000.00	18,888.00
CORP1		550.00	750.00	750.00	950.00	950.00	1,150.00	1,500.00	1,900.00	
TEST		500.00	500.00	600.00	600.00			700.00	700.00	700.00
LSATKEA					480.00	480.00				
HOUSE		0.00	0.00	0.00						
IBMM		600.00	700.00							
LLLD						10,000.00				
CORP3		450.00	650.00	650.00	850.00	850.00	1,050.00	1,300.00	1,700.00	
FULLBOARD		670.00	870.00	870.00	1,070.00	1,070.00	1,270.00	1,620.00	2,020.00	
CORP2		500.00	700.00	700.00	900.00	900.00	1,100.00	1,400.00	1,800.00	
DAY		600.00	800.00	800.00	1,000.00	1,000.00	1,200.00	1,600.00	2,000.00	

图 1-1-1　在系统里查询可卖房数量

二、常见的预订方式包括哪几种？

　　常见的预订方式包括函件预订、电话预订、当面预订、网络预订。函件预订常见于公司或旅行社订房；电话预订、当面预订、网络预订常见于散客预订。

　　以上预订方式中，较常见的是网络预订和电话预订。网络预订是指客人在互联网平台预订酒店。网络预订时，客人可以直观地了解酒店的房源信息。由于其独有的便捷性和直观性，网络预订深受客人的喜爱。电话预订是指客人致电酒店前台或预订部，通过直接与接待员对话沟通来了解酒店的房源信息。电话预订能较好地满足客人的个性化要求。

提示

红色方框内为可卖房数量。

想一想

互联网上有哪些常见的酒店预订平台？

三、常见的预订取消规定包括哪几类？客人取消预订的接待方法有哪些？

1. 常见的取消规定

（1）不可取消。不可取消的预订通常是酒店面向价格敏感型客人设计的一种预订类型。该预订类型往往价格较低，且相比其他预订类型有更多限制条件，例如，需要提前较长时间预订，需要在预订时支付房费，不可取消预订（见图1-1-2）。对于此类预订，如果客人有取消预订的需求，接待员应礼貌地向客人解释。

> ⊘ 不可取消
> 订单预订成功后不可取消预订，若未入住或取消预订将收取您全额房费。

图 1-1-2 不可取消

（2）限时取消。酒店大多数的预订取消都属于该类。客人在入住日期前一日18：00前告知酒店，即可免费取消预订。如果客人预订了10月11日的房间，则限时取消的提示如图1-1-3所示。设置该取消规定是为了在客人行程有变的情况下，尽可能为酒店争取更多时间重新售卖被取消预订的房间。

> ♡ 限时取消
> 10月10日18：00前可免费取消预订。若未入住或过时取消预订将扣除担保费用。

图 1-1-3 限时取消

2. 客人取消预订的接待方法

有担保预订的客人可能会在抵店日期前取消订房。接待员在接受订房取消时，应持热情友好的态度，询问并记录客人的取消原因，按照客人预订时的取消规定为客人取消预订，对客人未能入住酒店表示遗憾，欢迎客人再次到店。

想一想

为什么免费取消预订时间是前一日18：00前，而非其他时间？

想一想

没有担保预订的客人要求取消订房时，接待员应如何处理？

注意事项

　　酒店的预订取消规定不尽相同。部分度假型酒店的免费取消时间会提前至入住日期前一周。部分酒店则设置了更为宽松的预订取消规定，如客人可以在入住当天18：00前免费取消。

四、 处理预订变更的步骤是什么?

处理预订变更的步骤见图 1-1-4。

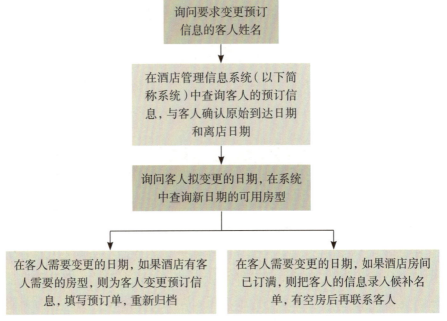

图 1-1-4　处理预订变更的步骤

流程图内容:
询问要求变更预订信息的客人姓名

↓

在酒店管理信息系统(以下简称系统)中查询客人的预订信息,与客人确认原始到达日期和离店日期

↓

询问客人拟变更的日期,在系统中查询新日期的可用房型

↓ ↓

在客人需要变更的日期,如果酒店有客人需要的房型,则为客人变更预订信息,填写预订单,重新归档

在客人需要变更的日期,如果酒店房间已订满,则把客人的信息录入候补名单,有空房后再联系客人

活动

一、问候

1. 主动问候并自我介绍。在电话铃响三声之内接听电话。主动向客人问好并准确报出酒店名称、部门及自己的姓名。对已告知姓名的客人,应称呼其姓氏,以示尊重。

2. 询问客人是否需要帮助。在岗时应精神饱满,表情自然,面带微笑。说话时应语气平和,语调亲切。

3. 确认客人的姓名。由于中文很多字的发音相同,为准确记录客人姓名,应在得知客人姓名的发音后,与客人确认其姓名的写法。

示例:

接待员:早上好,这里是上海公园大酒店前台,我是小张,请问有什么能为您效劳的吗?

客人:你好,小张,我想预订你们酒店的房间。

接待员:感谢您选择上海公园大酒店。先生,请问怎么称呼您?

客人：我姓王。

接待员：好的，王先生，请问是三横一竖的王字吗?

查一查

如何描述常见
的中文姓氏?

> **注意事项**
>
> 　　酒店有标准的电话接听礼仪。接听电话的员工必须主动告知酒店名称和自己的姓名，并热情、友好地问候客人。例如，欢迎致电×××酒店（告知酒店名称），我是接待员×××（告知自己的姓名），请问有什么能为您效劳的吗?

图 1-1-5 系统中的客人档案信息管理页面

提示

接待员应把客
人的个人信息
录入系统。为
避免反复建立
同一客人的档
案，可以在预
订时询问客人
是否入住过本
酒店。如果客
人入住过本酒
店，则应在系
统中搜索已有
信息，并与客
人核对。

二、了解客人需求并推荐房型

1. 询问客人的基本入住信息。了解客人的入住日期、离店日期、房晚数、入住人数等，并在系统中查询相关日期是否有空房。

图 1-1-6 系统中的基本入住信息录入页面

提示

房晚数是酒店
常用术语，表
示客人住几个
晚上。在酒店，
为避免误解，
通常把"晚"作
为计数单位。

想一想

还有哪些适合寒暄的话题?

2. 通过寒暄了解客人的出行目的。寒暄时要注意把握分寸,不要涉及客人隐私等。建议使用天气、美食、风景等话题。

3. 介绍房间类型并报价。根据客人的出行目的,为其介绍两种房间类型并报价。在推荐客房时,接待员可以通过介绍房间的朝向、面积、设施设备、配套服务等,让客人感到物有所值。

图 1-1-7　酒店房型示例

示例:

接待员:王先生,请问您的入住日期和退房日期分别是几月几日?

客人:8 月 7 日和 10 日。

接待员:好的,2022 年 8 月 7 日至 10 日,一共 3 晚。请问您一共几人入住?

提示

确认日期时,应与客人确认年份。

> **注意事项**
>
> 如果客人的入住日期和退房日期未跨越两个月份,则可以通过"退房日期－入住日期＝房晚数"这一公式快速算出房晚数。例如,示例中,王先生的房晚数为 10-7=3(晚)。如果客人 1 月 29 日入住,2 月 2 日退房,则不能使用该方法。

客人:我一个人。

接待员:您此次出行的目的是出差还是游玩?

客人:出差,主办方邀请我作为演讲嘉宾,来上海参加报告会。

接待员:我了解了,8 月 7 日至 10 日的天气都不错。请问您此次出行的预算是多少?

客人:1000 至 1500 元。

接待员:好的。酒店的花园景观房和城市景观房都是不错的选择。花园景观房的房间内外山水相映,花鸟成趣,空气清新,房价为每晚

查一查

酒店通常会收取多少比例的服务费?

1100 元。在城市景观房内，您可以欣赏上海的城市风貌和美丽景色，房价为每晚 1320 元。两种房型的价格都包含了税费、早餐和服务费。您喜欢哪一种呢，王先生？

客人：城市景观房听起来很不错！

图 1-1-8　酒店的城市景观房

三、完成预订办理

1. 询问客人对房间的偏好。询问并记录客人对客房布局、位置、朝向等的偏好。

2. 介绍酒店的设施设备和配套服务。有针对性地为客人推荐两项及以上的酒店设施设备，尝试为客人推荐接机、停车、水疗等服务。

3. 询问客人的具体预订信息。询问客人的信用卡号、有效期和持卡人信息以担保预订；询问客人的预计抵达时间以提前安排房间；告知客人酒店预订担保、入住时间、退房时间等相关规定。

提示

接机服务是指客人下飞机后，酒店安排相关人员将其从机场接送至酒店。

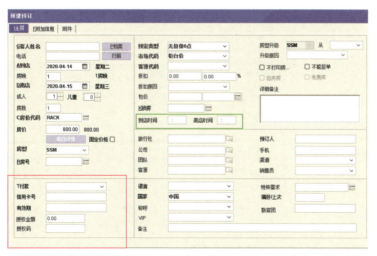

图 1-1-9　系统中的付款方式相关信息录入页面

提示

红色方框为系统中信用卡信息填写区；绿色方框为系统中预计抵达时间填写区。

4. 记录客人的联系方式，重复预订信息。询问客人的联系方式并记录，告知客人酒店将尽快发送预订确认信至其电子邮箱。

示例：

接待员：王先生，您对房间楼层有什么要求吗？

客人：无烟房，高楼层，最好靠近电梯，谢谢。

接待员：没问题，王先生。为了方便客人，酒店提供接机服务，单次行程的价格为 500 元，请问您是否需要？

客人：谢谢，我不需要，主办方安排了车辆来接我。

接待员：好的，王先生。主办方为您安排晚餐了吗？我们酒店的半食宿套餐深受差旅客人的欢迎。工作一天后在酒店用晚餐会更方便。

客人：主办方安排好了，谢谢你的推荐。

接待员：不客气，王先生。由于酒店只接受担保预订，您方便告知我您的信用卡信息吗？

客人：好的。我的信用卡号是 ×××××××××××××××××，有效期至 ×××× 年 ×× 月。持卡人是我本人。

提示

半食宿一般是指早餐和晚餐。

想一想

担保预订和非担保预订有哪些区别？

注意事项

接待员只需要与客人确认其信用卡的最后四位数字、有效期和持卡人即可，尽量不要在电话中完整重复客人的信用卡号，以规避客人信用卡被盗刷的风险。

想一想

如果客人提出，他将在 12：00 抵达酒店，接待员应如何回应？如果客人提出 10：00 抵达酒店，又应如何回应呢？

接待员：谢谢您，王先生。对于担保预订，我们将为您整晚保留房间。如果您的出行计划有变动，请在确定后尽快通知我们。在入住日期前一天 18：00 前，您都可以免费取消预订。

客人：好的。

接待员：另外，还请您注意，酒店的入住时间是 15：00 后，退房时间是 12：00 前。请问您预计什么时间到酒店？

客人：16：00。

注意事项

在客人不确定预计抵达酒店的时间时，接待员可以在系统中备注酒店规定入住时间，如 15：00。如果客人明确告知酒店其将在 15：00（酒店规定入住时间）到达酒店，接待员则需要在系统中备注 15：01 以作区分。

接待员：王先生，已经帮您预订成功。我们将在 8 个小时内向您的邮箱发送一封确认信。您方便告知我您的电话号码和电子邮箱地址吗？

客人：我的电话号码是 ××××××××××。我的电子邮箱是 ×××@126.com。

接待员：好的，王先生。请允许我向您再次确认以下信息。您预订的是 2022 年 8 月 7 日至 10 日的城市景观房，一共 3 晚。总房费为 3960 元，包含税费、早餐和服务费。该房间为无烟房，楼层较高，靠近电梯。您信用卡的最后四位数字是 ××××，有效期是 ×××× 年 ×× 月。持卡人是您本人。您的电话号码和电子邮箱地址是 ×××××××××× 和 ×××@126.com。以上信息是否正确？

客人：正确。

> **注意事项**
>
> 重复预订信息可以有效避免因沟通不清造成客人抵达酒店后找不到预订信息的情况。需要注意，在此阶段，接待员需要和客人确认房费。

四、礼貌道别

1. 询问客人是否需要其他服务。在完成电话预订流程后，询问客人是否需要其他服务。

2. 礼貌致谢并道别。向客人礼貌致谢并表达对客人抵店的期待后，耐心等待客人先行挂断电话。

示例：

接待员：王先生，请问还有什么能为您效劳的吗？

客人：没有了，谢谢。

接待员：再次感谢您选择上海公园大酒店。如果您有任何疑问，请随时联系我们，期待您的光临。

客人：谢谢你，再见！

接待员：感谢您的来电，再见！

提示

如果客人长时间未挂断电话，则应先用手按下插簧，等断线后再放下电话，以免挂断时声音过大。

总结评价

依据世界技能大赛酒店接待项目对于预订内容的相关评分细则，

评分方式分为"客观"和"主观"两部分。"客观"部分主要评判待客过程中有无步骤和语言上的遗漏，如无特殊说明，只有"全部得分"和"不得分"两种情况。"主观"部分则根据选手的表现进行权重打分。请将分值除以3后乘以该项的权重，计算该项的最终成绩。

表1-1-2　客观评分表

序号	评价项目	评价标准	分值	得分
1	问候	感谢客人来电，自我介绍，主动为客人提供帮助	1	
		询问客人的姓名，确认客人姓名的写法，在接待过程中至少三次称呼客人姓氏	1	
2	询问预订相关信息	询问客人的入住日期、房晚数、入住人数	1	
		询问客人对房间的偏好	1	
3	介绍酒店的设施与服务	有针对性地为客人推荐两项及以上的酒店设施与服务（包括但不限于餐饮套餐和接机、停车、水疗等服务）	2	
4	担保预订	询问客人的信用卡号、有效期和持卡人信息以担保预订（如果接待过程中完整重复了客人的信用卡号，则本项不得分）	2	
		告知客人酒店的入住时间和取消规定，询问客人预计抵达时间以提前安排房间	2	
5	记录客人的联系方式，<u>重复预订信息</u>	询问客人的联系方式，必须包括电话和电子邮箱	2	
		完整重复客人的预订信息，必须包括入住日期、退房日期、房晚数、房型、总房费以及包含的权益、特殊要求、联系方式和信用卡信息	3	
		再次感谢客人选择酒店，期待客人到店	1	
		总分	16	

表1-1-3　主观评分表

序号	评价项目	评价标准	分值	权重	得分
1	寒暄	未寒暄	0	5	
		仅有简单寒暄，但未对客人回复做出反应	1		
		自然地与客人寒暄，营造良好氛围	2		
		自然地与客人寒暄，包括但不限于了解客人的出行目的，并有针对性地介绍酒店的设施与服务	3		

（续表）

序号	评价项目	评价标准	分值	权重	得分
2	增值销售	未进行增值销售	0	5	
		仅额外告知客人酒店的一项设施与服务，但未尝试销售	1		
		有针对性地增值销售酒店的一项设施与服务	2		
		有针对性地增值销售酒店两项及以上的设施与服务	3		
3	信心	没有信心，压力大，不专心	0	4	
		几乎没有信心	1		
		自信，冷静	2		
		自信，冷静，细心待客	3		
总分					

拓展学习

一、如何婉拒预订？

如果酒店无法接受客人的预订，接待员应对预订加以婉拒并主动提出一些合理的建议。这样不仅可以促进酒店客房的销售，也不会影响酒店在客人心中的形象。接待员婉拒预订工作程序如下。

1. 建议客人更改房型。

2. 建议客人更改入住日期。

3. 建议客人选择当地同品牌的酒店（推荐的酒店应在地理位置上靠近本酒店）。

4. 向客人致歉并感谢客人选择本酒店。

想一想

还可以向客人提出哪些建议？

二、如何处理未抵店的担保预订？

1. 检查入住客人名单，确认是否存在重复预订。

2. 过夜审核时，系统中未入住的预订将自动变成应到未到状态（no show）。

想一想

为什么会出现重复预订的情况？

3. 如果客人整晚未到,夜班接待员应在下班前与前厅部和预订部相关工作人员进行交接。

4. 打印应到未到单(no show report),结合客人的预订单,联系客人或第三方平台收取费用。

讨论

如果客人拒绝支付取消费用,应如何处理?

 思考与练习

一、思考题

1. 一位已经取消预订的客人致电前台,希望恢复之前取消的预订。在酒店有空房的情况下,接待员应如何处理?

2. 如果取消预订的客人原有预订有较大折扣优惠,能否再次享受该优惠?接待员应如何与客人沟通解释?

二、技能训练题

某天16∶00,张女士致电前台,希望预订××××年3月10日至13日的大床房,1位客人入住。请按照酒店电话预订流程写下张女士与接待员的对话,并请同学扮演张女士,由你扮演接待员,为其办理预订手续。

任务 2 特殊客人预订办理

学习目标

1. 能了解特殊客人的分类。
2. 能掌握不同类型客人的接待注意事项。
3. 能了解酒店为特殊客人办理预订手续的程序。
4. 能及时处理特殊客人在预订过程中提出的个性化需求。
5. 能树立良好的服务意识，把握交流沟通的原则。

情景任务

　　张先生和张太太是一对来上海度蜜月的新婚夫妇。这天，张先生致电上海公园大酒店前台预订房间，请你作为接待员，为张先生夫妇办理电话预订。

思路与方法

　　酒店是以提供服务为主的行业，需要面对各种各样的住店客人，每位客人的性格不同，对服务的要求也不同。接待员要尽量掌握不同类型客人的细分方式，熟悉不同类型客人的接待方式，以提高客人对酒店的满意度，为酒店赢得回头客。

一、特殊客人可以细分为哪几类？

　　在一般客人接待中，多以商务客人为例讲解酒店预订、入住、退房的基本流程。在特殊客人接待中，则参照世界技能大赛分类，把客人细分为家庭娱乐客人、VIP（Very Important Person，简称 VIP）客人、残障客人三类。

二、家庭娱乐客人可以细分为哪几类？分别有哪些接待注意事项？

　　家庭娱乐客人是指以旅游玩乐为主要出行目的的客人，根据世界

提示

预订通常由酒店预订部或全球预订中心负责。部分单体酒店由于人员较少，也会由前台接待员负责接听电话预订。

讨论

家庭娱乐客人还可以如何分类？

15

技能大赛技术文件，可以细分为夫妻/情侣出游、朋友/多家庭结伴出游、带老人出游的家庭、带婴幼儿出游的家庭、带儿童出游的家庭、带青少年出游的家庭。

提示

连通房的客房有单独的房门，且客房之间有门连通，客人可以不经外走廊到达其他房间。

想一想

为什么要向带较小年龄儿童出游的家庭推荐双床房？

表 1-2-1　不同家庭娱乐客人的接待注意事项

客人细分	接待注意事项
夫妻/情侣出游	建议推荐景观较好的大床房，并询问客人此次出游是否为庆祝特殊节日（如生日、纪念日）
朋友/多家庭结伴出游	应与客人确认房间数以及房费的支付方式。如果客人预订了多间客房，则应询问其对房间安排是否有特殊要求（如连通房、同一楼层）
带老人出游的家庭	此类家庭通常会需要1间及以上的客房，中国家庭建议推荐套房+连通房，以形成1个厅+2间客房的布局。但在推荐房间前，应询问客人意愿，了解其是否希望住在一起
带婴幼儿出游的家庭	可以根据孩子的年龄推荐大床房或双床房。如果孩子小于2岁，建议推荐大床房+婴儿床；如果孩子已经无法睡下婴儿床，则推荐双床房
带儿童出游的家庭	可以根据孩子的年龄推荐大床房或双床房。如果孩子年龄较小，可以推荐双床房；如果孩子大于5岁，则推荐大床房+加床
带青少年出游的家庭	可以根据客人意愿，推荐以下三种客房：（1）大床房+加床；（2）两间连通房；（3）套房+连通房

三、VIP 客人可以细分为哪几类？分别有哪些接待注意事项？

参照国内某星级酒店标准，酒店的 VIP 客人按级别划分为 V1、V2、V3、V4 四类。

表 1-2-2　不同 VIP 客人的接待注意事项

客人细分	接待注意事项
V1 是指国家元首、总统、副总统、总理、副总理等重要来宾	配备高档盆插及瓶插鲜花、高档果篮、酒水、欢迎点心、晚间小食、有总经理签名的欢迎卡和问候信、定制浴袍、总经理名片
V2 是指国家部委办司级领导、省级党政军主要领导、最高法院院长、最高检察院检察长、集团董事长及总裁、入住总统套房的客人等	配备普通盆插及瓶插鲜花、中档果篮、国产红葡萄酒、欢迎点心、晚间小食、有总经理签名的欢迎卡和问候信、定制浴袍、总经理名片

（续表）

客人细分	接待注意事项
V3 是指政府部门领导、市级主要领导、市级党政军主要领导、分公司董事长及总经理、集团及企业高层管理者、社会名流（演艺界、体育界、文化界）、旅行社总经理（省级国旅、中旅、青旅等）、对酒店有过重大贡献的社会人士、入住总裁套房的客人等	配备普通花篮、瓶插鲜花、普通果篮、鸡尾酒、欢迎点心、晚间小食、有总经理签名的欢迎卡和问候信、定制浴袍、总经理或部门总监 / 经理名片
V4 是指集团及分公司高层管理者、旅行社总经理（市级国旅、中旅、青旅等）、同星级酒店董事长及总经理、酒店邀请的客人、入住酒店行政酒廊商务套房的客人、个人入住酒店商务套房 3 次及以上的客人、个人入住酒店客房 10 次及以上的客人等	配备瓶插鲜花、普通果盘、欢迎点心、晚间小食、有总经理签名的欢迎卡、部门总监 / 经理或大堂副经理名片

四、残障客人可以细分为哪几类？分别有哪些接待注意事项？

　　根据《残疾人残疾分类和分级》国家标准，残疾人是指视力、听力、言语、肢体、智力、精神等存在长期缺损的人。为保证客人安全，酒店一般建议有视力障碍、肢体障碍、智力障碍、精神障碍的客人由他人陪同入住。以下重点介绍视力、听力、言语、肢体存在障碍的客人的接待注意事项。

表 1-2-3　不同残障客人的接待注意事项

客人细分	接待注意事项
视力障碍 视力障碍是指由于各种原因导致人双眼视力低下并且不能矫正或视野缩小，以致影响其日常生活和社会参与。视力障碍包括盲及低视力	酒店电梯按钮通常会有盲文按键以为视力障碍客人提供便利。接待员在接待视力障碍客人时，应在请客人签字前，为其阅读入住登记单或账单上的内容。接待员将签字笔递到客人手中前，还应询问客人习惯用右手还是左手，并在得到客人允许后，引导客人至签字位置
听力障碍 听力障碍是指由于各种原因导致人双耳不同程度的永久性听力障碍，听不到或听不清周围环境声及言语声，以致影响其日常生活和社会参与	对于完全丧失听力的客人，接待员可以通过唇语或文字书写等方式与客人沟通 对于佩戴助听器的客人，接待员应对着客人佩戴助听器的耳朵放大声音、放慢语速沟通

提示

预订阶段还可以向残障客人推荐车辆接送服务。

想一想

还可以如何与听力障碍、言语障碍的客人沟通？

（续表）

客人细分	接待注意事项
言语障碍 言语障碍是指由于各种原因导致人不同程度的言语障碍（经治疗一年以上不愈或病程超过两年者），不能或难以进行正常的言语交往活动	接待员应耐心地通过文字书写与客人沟通
肢体障碍 肢体障碍是指人体运动系统的结构、功能损伤造成四肢残缺或四肢、躯干麻痹（瘫痪）、畸形等，以致人体运动功能不同程度地丧失以及活动受限或参与局限	酒店公共区域和无障碍房间内应为肢体障碍客人准备相应的设施设备，包括特殊高度的桌子和床、定制卫生间等

五、VIP 客人的预订流程有哪些？

VIP 客人的预订比较复杂，一般可以由 VIP 客人所在的组织单位的工作人员来酒店代办预订，也可以由 VIP 客人直接向酒店预订部门进行客房预订。无论是由他人代订的 VIP 客人还是自行预订的 VIP 客人，只要经过酒店 VIP 身份信息识别后就可进入酒店 VIP 客人的预订流程。预订部门均应做好信息记录工作，上报部门经理以及总经理，并与酒店其他部门一起落实 VIP 客人的接待工作。

VIP 客人的预订流程如下：

（1）询问客人的入住日期、离店日期、房晚数、入住人数、房间数和出行目的；

（2）推荐酒店适合的房型，告知房价和总房费，与对接人员确认房费及其他消费的结账方式；

（3）询问客人的预计抵达时间、餐饮偏好、过敏原等细节，并主动提供快速入住服务、管家服务、车辆接送服务等；

（4）记录对接人员的姓名和联系方式，通过邮件发送预订确认信。同时，以邮件形式通知酒店所有营运部门，提前做好相关准备工作。

提示

常见的过敏原包括牛奶、鸡蛋、海鲜、螨虫、花粉、动物毛发等。

查一查

什么是管家服务？

想一想

为什么要记录对接人员的姓名和联系方式？

 **活动**

一、问候

1. 主动问候并自我介绍。电话铃响三声之内接听电话，主动向客人问好，并准确报出酒店名称、部门及自己的姓名。对报出姓名的客人，应称呼客人姓氏，以示尊重。

2. 询问客人是否需要帮助。过程中应精神饱满，表情自然，面带微笑。说话时应语气平和，语调亲切。

3. 确认客人的姓名。由于中文很多字的发音相同，为准确记录客人姓名，应在得知客人姓氏的发音后，与客人确认其姓氏的写法。

示例：

接待员：早上好，这里是上海公园大酒店前台，我是小李，请问有什么能为您效劳的吗？

客人：你好，小李，我想预订你们酒店的房间。

接待员：好的，先生，感谢您选择上海公园大酒店。请问该如何称呼您？

客人：我姓张。

接待员：好的，请问是弓长张吗？

客人：是的。

提示

自我介绍时应吐字清晰。

二、了解客人需求并推荐房型

1. 询问客人的基本入住信息。了解客人的入住日期、离店日期、房晚数、入住人数等，并在系统中查询相关日期是否有空房。

2. 通过寒暄了解客人的出行目的。为参加商务活动、享受亲子时光、度蜜月的客人提供有针对性的服务。

3. 介绍房间类型并报价。针对客人的出行目的，为其推荐相应的房型并报价。如针对度蜜月的客人，可以为其推荐蜜月套房。

提示

在系统里，空房一般有未清洁、已清洁两种房态。

讨论

可以为度蜜月的客人提供哪些惊喜服务？

图 1-2-1　惊喜服务

示例：

接待员：张先生，请问您的入住日期和离店日期分别是几月几日？

客人：9月10日和12日。

接待员：××××年9月10日至12日，一共2晚。请问您一共几人入住？

客人：两位，我和我太太。我们来度蜜月。

接待员：恭喜您，张先生，新婚快乐。

客人：谢谢。

接待员：张先生，经过系统查询，9月10日至12日，我们是有房间的。请问您的预算大致是多少？

客人：2000至3000元。

试一试

请尝试用毛巾折叠出鸳鸯造型。

注意事项

度蜜月的客人一般希望酒店提前布置客房。在为该类客人提供房间时，可以提前对房间进行布置，如把巾类折叠成鸳鸯形状，祝福客人相亲相爱。

图1-2-2　蜜月房布置

图1-2-3　套房

接待员：张先生，考虑到您和太太是来度蜜月的，我强烈推荐酒店的270°城市景观房和城市景观套房。270°城市景观房的视野非常开阔。客房区域内有一个双面落地窗，躺在沙发上就能将上海的城市繁华一览无余。房间面积有55平方米，房价为每晚2500元，包含了税费、早餐和服务费。套房面积更大一些，有88平方米，除了客房有270°城市景观房的设施和景色，房间的卫生间也配置了落地玻璃窗，可以一边泡澡一边欣赏这座城市的景观。我们还配备了独立的衣帽间和会客厅。套房的房价为每晚3150元，包含了税费、早餐和服务费，只比您的预算高一点点，但体验一定更好。您喜欢哪一间？

客人：请帮我们预订城市景观套房吧！我太太喜欢拍照，为这次蜜月旅行准备了很多套衣服。她需要独立的衣帽间。

接待员：好的，张先生。我们会额外为您准备蜜月果盘和蛋糕，祝您和太太甜甜蜜蜜、幸福圆满。

客人：谢谢。

> **注意事项**
>
> 　　选择适当的报价方式可以提高酒店产品的推销成效与营业收入。报价时，要主动向客人介绍产品的特点，强调客人的收益。

三、完成预订办理

1. 询问客人对房间的偏好。询问并记录客人对客房布局、位置、朝向等的偏好。

2. 介绍酒店的设施设备和配套服务。在介绍客房设施和酒店服务时，接待员应熟知产品特色，从沟通中挖掘客人需求，运用语言和肢体动作，有针对性地为客人推荐两项及以上的客房设施和酒店服务。

3. 询问客人的具体预订信息。询问客人的信用卡号、有效期和持卡人信息以担保预订；询问客人的预计抵达时间以提前安排房间；告知客人酒店预订担保、入住时间、退房时间等相关规定。

4. 记录客人的联系方式，重复预订信息。询问客人的联系方式并记录，告知客人酒店将尽快发送预订确认信至其邮箱。

示例：

接待员：张先生，请问您是否安排了从机场到酒店的接送车辆？为方便客人，我们酒店提供接机服务，单次行程的价格为 500 元，请问您是否需要？

客人：谢谢，我不需要，我和太太会乘坐出租车过来。

接待员：好的，张先生。需要为您预订酒店自助晚餐吗？我们酒店的自助餐深受客人喜欢。最近推出了小龙虾不限量自助套餐活动，每位仅 388 元。自助晚餐的时间是 17：00 到 20：00，您感兴趣吗？

客人：听起来很不错，请帮我们预订 17：00，两位，靠窗的位置。

接待员：没问题，张先生，预订确认信稍后会以短信方式发送至您的手机。

客人：谢谢。

提示

接待员应熟悉酒店产品的特点、优点、缺点、规格、宣传促销用语及竞争产品、替代产品。

想一想

为什么要向客人重复预订信息？

注意事项

　　增值销售时，在有针对性地介绍酒店的设施与服务后，应告知价格并主动询问客人是否感兴趣。如果客人感兴趣，则应主动为客人预订。

图 1-2-4　自助晚餐

四、礼貌道别

　　1. 询问客人是否需要其他服务。在完成电话预订流程后，询问客人是否需要其他服务。

　　2. 礼貌致谢并道别。向客人礼貌致谢并表达对客人抵店的期待后，耐心等待客人先行挂断电话。

提示

应有礼貌地添加"祝您生活愉快"等结束语，并耐心等待客人先挂断电话。

 **总结评价**

　　依据世界技能大赛酒店接待项目对于预订内容的相关评分细则，评分方式分为"客观"和"主观"两部分。"客观"部分主要评判待客过程中有无步骤和语言上的遗漏，如无特殊说明，只有"全部得分"和"不得分"两种情况。"主观"部分则根据选手的表现进行权重打分。请将分值除以 3 后乘以该项的权重，计算该项的最终成绩。

表 1-2-4　客观评分表

序号	评价项目	评价标准	分值	得分
1	问候	感谢客人来电，自我介绍，主动为客人提供帮助	1	
		询问客人的姓名，确认客人姓名的写法，在接待过程中至少三次称呼客人姓氏	2	

（续表）

序号	评价项目	评价标准	分值	得分
2	询问预订相关信息	询问客人的入住日期、房晚数、入住人数	1	
		询问客人对房间的偏好	1	
3	介绍酒店的设施与服务	有针对性地为客人推荐两项及以上的酒店设施与服务（包括但不限于餐饮套餐和接机、停车、水疗等服务）	2	
4	担保预订	询问客人的信用卡号、有效期和持卡人信息以担保预订（如果接待过程中完整重复了客人的信用卡号，则本项不得分）	2	
		告知客人酒店的入住时间和取消规定，询问客人预计抵达时间以提前安排房间	2	
5	记录客人的联系方式，重复预订信息	询问客人的联系方式，必须包括电话和电子邮箱	2	
		完整重复客人的预订信息，必须包括入住日期、退房日期、房晚数、房型、总房费以及包含的权益、特殊要求、联系方式和信用卡信息	3	
		再次感谢客人选择酒店，期待客人到店	1	
	总分		17	

表 1-2-5　主观评分表

序号	评价项目	评价标准	分值	权重	得分
1	寒暄	未寒暄	0	3	
		仅有简单寒暄，但未对客人回复做出反应	1		
		自然地与客人寒暄，营造良好氛围	2		
		自然地与客人寒暄，包括但不限于了解客人的出行目的，并有针对性地介绍酒店的设施与服务	3		
2	增值销售	未进行增值销售	0	3	
		仅额外告知客人酒店的一项设施与服务，但未尝试销售	1		
		有针对性地增值销售酒店的一项设施与服务	2		
		有针对性地增值销售酒店两项及以上的设施与服务	3		

（续表）

序号	评价项目	评价标准	分值	权重	得分
3	信心	没有信心，压力大，不专心	0	3	
		几乎没有信心	1		
		自信，冷静	2		
		自信，冷静，细心待客	3		
总分					

拓展学习

一、如何为残障人士提供适当帮助？

1. 及时记录客人的需求，有特殊需求的客人通常会在预订时要求提供无障碍设施。

想一想

酒店安保部的职责有哪些？

2. 在预订系统中注明客人的具体情况和需求。相关信息应归入客人档案并呈现在跟踪报告中，在客人登记入住后立即将客人的特殊情况告知安保部，以便发生紧急情况时能及时提供帮助。

3. 办理入住登记手续后，陪同客人前往客房，并介绍客房内的无障碍设施。询问客人是否需要其他帮助，使其有更为舒适的入住体验。

二、酒店有哪些无障碍设施？

提示

供残障人士使用的门厅、过厅及走道等与地面有高度差时应设坡道，坡道的宽度应不小于0.9米。

星级酒店往往会配备无障碍设施以方便有特殊需求的客人。

1. 酒店公共区域的无障碍设施

（1）酒店入口有台阶时，设置无障碍坡道。

图1-2-5　无障碍坡道及残障人士专用停车位标志

（2）在餐饮娱乐等配套公共活动的楼层地面，配备无障碍地面（防滑垫等）。

（3）无障碍电梯按钮上附有盲文，方便视力障碍人士使用。

（4）停车场设置无障碍专用停车位，并显示残障人士专用停车位标志。

2. 酒店客房内的无障碍设施

（1）床边、卫生间内分别设置了紧急求助呼叫按钮，用于紧急情况求救。收到警报后，楼层客房员工将迅速赶往房间。

（2）低位开关、猫眼，便于借助轮椅出行的客人控制客房设施，查看来访者。部分酒店还配有与房间电视机相连的电子猫眼，借助轮椅出行的客人可以在床上通过电视机快速查看来访者并与其沟通对话。

（3）无障碍写字桌，其高度设计更适合借助轮椅出行的客人。

（4）开放式衣柜，不用开门取物，能大大便利借助轮椅出行的客人。

（5）与轮椅高度持平的床，方便入住人员从轮椅移动到床上。

（6）无障碍卫生间，配有低位洗手盆、低位置物架、无障碍淋浴椅和宽大的浴室镜等无障碍设施。

图 1-2-6　无障碍卫生间

查一查

酒店还有哪些无障碍设施？

思考与练习

一、思考题

1. 如果某位借助轮椅出行的客人来电预订，接待员应如何为其推荐、介绍房间？

2. VIP 客人的预订流程中，记录完客人相关信息后，接待员应与哪些部门配合准备 VIP 客人的抵店工作？各部门的工作职责分别是什么？

二、技能训练题

某天 15：00，王先生致电前台，希望预订一间套房庆祝太太的生日。王先生想委托酒店在入住当天为他的太太准备一束玫瑰花，并在客房内摆放一瓶香槟。请按照酒店电话预订流程写下王先生与接待员的对话，并请同学扮演王先生，由你扮演接待员，为其办理预订手续。

模块二

入住

办理入住登记手续时，酒店前台接待员往往是首次与客人面对面接触。这往往也是待客服务全过程中，接待员与客人接触时间最长的关键阶段。这一阶段的工作效果将影响客人对酒店的第一印象以及前厅部后续协调待客服务、增值销售、建立客账和客史档案等各项工作。办理入住登记手续也是酒店与客人建立正式合法关系的过程。

本模块分为两个任务：任务1，一般客人入住办理；任务2，特殊客人入住办理。我们先学习为一般客人办理入住登记手续的基本流程，再逐渐拓展至学习为家庭娱乐客人、残障客人、VIP客人提供有针对性的设施与服务。

图 2-0-1　接待员办理入住登记手续

任务1 一般客人入住办理

 学习目标

1. 能熟练掌握押金收取、增值销售、特殊情况处理等相关知识。
2. 能了解酒店为一般客人办理入住登记手续的程序。
3. 能有针对性地向客人推销酒店的设施与服务。
4. 能及时处理客人在入住过程中提出的个性化需求。
5. 能严格遵守《旅馆业治安管理办法》，如实填写入住登记单，严格查验客人身份。

 情景任务

8月7日16：00，王女士来到上海公园大酒店前台办理入住登记手续。她在一周前已通过网络平台预订了1间花园景观大床房，1位客人入住，8月7日抵店，8月10日退房，共3晚。请你作为接待员，为王女士办理入住登记手续。

 思路与方法

入住登记是客人抵达酒店后必须办理的手续。为了规范、高效地办理入住登记手续，接待员需要熟悉入住流程，了解实名登记的重要性，掌握押金的正确收取方法和增值销售的推销技巧，并能处理入住办理中可能遇到的特殊情况，如客人提前抵达。

查一查

哪些有效身份证件可以用于实名登记?

一、入住流程可以分为哪几个部分？

为客人办理入住登记手续是接待员基本工作内容，可以分为迎宾、确认预订信息并安排房间、收取押金并进行身份验证、礼貌道别四部分。

表 2-1-1　入住流程

迎宾	（1）打招呼 （2）询问客人的姓名 （3）查找客人的预订信息 （4）寒暄
确认预订信息 并安排房间	（1）与客人核对预订信息 （2）增值销售 （3）安排房间 （4）打印并请客人核对入住登记单 （5）请客人补全信息 （6）请客人签字 （7）介绍酒店的设施与服务
收取押金并进 行身份验证	（1）收取押金 （2）进行身份验证
礼貌道别	（1）归还客人的证件 （2）告知客人楼层信息（在房卡套上指出房间号） （3）为客人指引电梯和房间位置 （4）协助客人运送行李 （5）感谢客人

二、为什么所有客人都必须实名登记？

《旅馆业治安管理办法》规定，旅馆接待旅客住宿必须登记。登记时，应当查验旅客的身份证件，按规定的项目如实登记。

为准确识别客人身份，目前所有五星级酒店都会通过与公安部门联网的"住宿留宿人员登记系统"对大陆客人进行人脸比对。对于入境人员，接待员不仅需要细心甄别、严格查验客人身份，还需要查验签证期限，并在客人抵达酒店次日中午 12 点前，通过"住宿留宿人员登记系统"，把临时住宿登记信息传送至公安主管部门（见图 2-1-1）。

"住宿留宿人员登记系统"具有住宿人员管理、统计功能以及"可疑人员管理""可疑人员查询""可疑人员上报"等自动安全侦查功能。严格落实实名登记可以帮助公安部门掌握地方普通流动人口住宿量、住宿地点、住宿时间等情况，追踪可疑人员行踪，更好地保证酒店及地方安全。

图 2-1-1 住宿留宿人员登记系统

注意事项

中国公民的有效身份证件主要包括居民身份证、临时居民身份证、驾驶证、居民户口簿、中华人民共和国护照、港澳居民来往内地通行证、台湾居民来往大陆通行证等。

三、增值销售的步骤和方法有哪些?

办理入住登记手续是待客服务全过程中的一个关键阶段,也是了解客人需求,向客人介绍酒店的设施与服务,增加酒店营业收入的最佳时机。办理入住登记手续时进行增值销售的步骤有三个:(1)通过巧妙提问了解客人的出行目的(如游玩、探亲、出差),挖掘客人的潜在需求;(2)基于客人的需求,有针对性地向客人介绍酒店的设施与服务;(3)如果客人对相关设施与服务感兴趣,应主动告知价格或为客人预约。

在增值销售过程中,接待员可以采用以下方法。

1. 产品优点法

所谓"一分价钱一分货",高质即高价,接待员要向客人指出为其提供的产品售价高的理由,如更好的风景、更宽敞的房间、更多的增值服务。接待员要尽可能多地向客人介绍酒店产品的优点和独特之处,以化解客人心里的价格障碍。

2. 升档销售法

当客人已有预订,并且房间类型比较基础时,接待员可以在客人办理入住登记手续时向其推荐更好的房型。如果只需要在预期的房价上加一小部分费用即可享受更优质的服务、更大的空间或更优美的风景,客人通常会接受。

3. 循循善诱法

接待员要洞察客人的消费能力,扬长避短,尽可能地推销附加服务。

想—想

游玩的客人和出差的客人分别有什么需求?酒店可以为他们提供哪些服务?

接待员要把各类服务项目呈现在客人面前，不轻易错过任何销售机会。带客人参观房间及内部设施、试用一些产品都是较为有效的增值销售方法。

四、收取押金的原因和规则是什么？

酒店收取押金的原因主要有两点。

1. 为客人提供便利。酒店除住宿服务外，还提供餐饮、机场接送、康体康乐（如水疗）等服务。押金充足时，客人在酒店所有营运部门的消费都可以签字挂房账，在退房时一并支付。

提示

如果部分 VIP 客人不希望支付押金，经酒店管理者或销售部授权，可以不收取押金，但开放挂账权限。

> **注意事项**
>
> 挂房账是酒店常用术语，即营运部门把客人消费的账单送至前台，由前台在客人退房时统一结账。需要注意两点：（1）客人只有在有充足的押金时才可以挂账；（2）挂账时客人需要签字，并与入住登记单上的签字一致。

2. 为酒店提供保障。押金是指在总房费的基础上额外收取的一笔钱款，能够预防客人逃账或损坏酒店设施设备后拒绝赔偿等情况的发生。

不同酒店收取押金的规则不同。根据行业通用标准，酒店通常会收取总房费的 150% 作为押金。客人可以自行选择信用卡支付、现金支付、移动支付（支付宝、微信、云闪付等）方式进行支付。收取押金后，酒店应向客人出具预收押金单。

DEPOSIT RECEIPT

预收押金单　　　　000520

Date 日期：　/日 D　/月 M　/年 Y

Guest Name 客人姓名		ROOM NO. 房号		ACCOUNT NO. 账号	
AMOUNT： 金额（大写）				RMB：	
SUBJECT: 事由					
REMARK: 备注					
PAYMENT： 付款方式	CASH 现金	CHECK 支票		Credit Card 信用卡	ELSE 其他
ATTENTION： 注意事项	Please return the receipt to Reception upon payment settlement. 结账时请将此收据交还				

Prepared By:　　　　　　　　Guest Signature:
经办人　　　　　　　　　　客人签名

White(白) Finance(财务)　　　Red(红) Guest(客人)　　　Blue(蓝) Copy(存根)

图 2-1-2　预收押金单

五、客人提前抵达酒店的接待方法是什么？

酒店规定的入住时间一般为 14：00 及以后，但不同酒店的入住时间会根据酒店是否有干净的可用房间而发生变化。客人提前抵达酒店的时间不同,酒店采取的接待方法也不同。

表 2-1-2　客人提前抵达酒店的接待方法

客人提前抵达酒店的时间	房态	接待方法
早于酒店规定入住时间 6 个小时及以上	有干净可用的房间	礼貌地向客人说明酒店提前入住规定(额外支付半天房费) 如果客人愿意支付房费,则为客人办理入住登记手续。如果客人不愿意额外支付房费,则建议客人将行李寄存在酒店,先在当地游玩。如果客人还未用早餐,可以推荐客人在游玩前到酒店自助餐厅用餐
	无干净可用的房间	礼貌地向客人说明酒店提前入住规定(额外支付半天房费)以及预订的房型无干净房间可用的现状 查看其他房型的房态,如果有干净可用的房间,并且客人愿意额外支付半天费以及可用房型和预订房型之间的房价差额,则为客人办理入住登记手续。如果没有干净可用的房间,或客人不愿意额外支付房费,则建议客人将行李寄存在酒店,先在当地游玩
早于酒店规定入住时间但不足 6 个小时	有充足的干净可用的房间	为客人办理入住登记手续,礼貌告知客人酒店入住时间,并尝试推销更好的房型
	仅有少量的干净可用的房间或无干净可用的房间	礼貌告知客人酒店入住时间,先为客人办理入住登记手续,根据客人偏好安排房间后通知客房部尽快打扫。可以建议客人将行李寄存在酒店,在大堂稍作休息或前往酒店餐厅用餐

提示

房态即房间状态,是酒店常用术语。酒店房态包括 INSPECTED(已打扫且已经主管检查的干净房)、CLEAN(已打扫但未经主管检查的干净房)、DIRTY(脏房)。此处提及的干净可用的房间,即房态为 IP 的房间。

活动

一、迎宾

1. 打招呼。问好,欢迎客人光临酒店,询问客人是否需要帮助。注意保持目光接触和平视交流,使用自然、亲切、温和的方式,让客人感受到被欢迎。

2. 询问客人的姓名。询问客人的姓名和称呼方式。在整个接待过程中使用客人喜欢的方式称呼客人,称呼次数应达到三次及以上。

提示

通常情况下称呼客人姓氏 + 先生 / 女士。在接待有特殊身份的客人,如大使、国家领导人时,也可以用姓氏 + 职位呼客人。

3. 查找客人的预订信息。礼貌请求客人出示有效身份证件，并通过系统查找客人的预订信息。如果通过客人的名字找不到预订信息，可以礼貌询问客人是否提前预订，请客人提供预订人姓名或预订确认号。

4. 寒暄。询问客人的出行目的、路上交通情况、是否来过当地等，主动为客人提供欢迎茶水，更好地了解客人的情况，以便后续有针对性地推销酒店的设施与服务。

示例：

接待员：女士，中午好，请问有什么能为您效劳的吗？

客人：我想办理入住登记手续，我之前有预订。

接待员：感谢光临上海公园大酒店，请问怎么称呼您？

客人：我叫王明。

接待员：好的，王女士，请问是用您的名字预订的吗？请出示一下您的身份证件，谢谢。

客人：是的，这是我的身份证。

提示

寒暄是建立良好沟通关系的基础，能更好地挖掘客人的需求，为客人提供贴心的服务。

接待员：谢谢您，王女士。请问您此次出行的目的是出差还是游玩？

客人：出差。

接待员：您路上还顺利吗？

客人：还可以，没有堵车。上海的天气太热了。

接待员：今年夏天确实很热。我们在大堂准备了冰镇的软饮料和果汁供客人取用。您想喝些什么？我请同事送过来。

客人：不用了，我办理完入住登记手续自己过去拿，谢谢。

二、确认预订信息并安排房间

1. 与客人核对预订信息。具体包括：（1）退房日期；（2）房晚数；（3）入住人数；（4）房型；（5）是否含餐食；（6）付款方式；（7）其他备注信息。

找一找

请在图中找到需要与客人核对的预订信息。

提示

备注中 AII POA 的意思是全部由客人自行支付，即"在前台自付全部费用"。

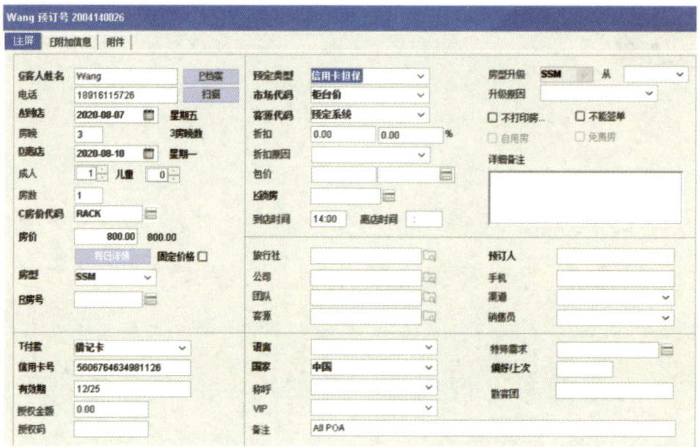

图 2-1-3　王女士的预订信息

2. 增值销售。根据与客人寒暄时了解的情况，有针对性地向客人推销酒店的设施与服务。例如，向出差的客人推荐酒店的半餐食套餐，向游玩的客人推荐景色更好的房型。接待员在推荐的过程中，一定要随时注意客人的情绪，从客人的角度出发，在真心考虑客人实际需求的基础上，自然地介绍恰当的产品或服务。如果客人明确表示对推荐的内容不感兴趣或比较匆忙，接待员应立即停止推荐行为，继续为客人办理入住登记手续。

示例：

接待员：王女士，您的预订中包含一份早餐套餐，考虑到您是来出差的，如果公司没有帮您安排晚餐的话，酒店最近推出的半餐食套餐非常划算。您只需要每晚额外支付 268 元就可以在酒店的自助餐厅享用原价 388 元的自助晚餐。需要帮您把早餐套餐换成半餐食套餐吗？

客人：好的，谢谢。

图 2-1-4　酒店的自助餐厅

提示

半餐食套餐包含早餐和晚餐，全餐食套餐包含早、中、晚三餐。此类套餐较适合商务客人。

3. 安排房间。询问客人对房间是否有特殊偏好，如楼层高低、离电梯的远近，尽量满足客人的需求。接待员应熟悉酒店房间的楼层分布情况，以便快速找到符合客人需求的房间。

4. 打印并请客人核对入住登记单。通过系统打印入住登记单，把入住登记单的正面朝向客人，在口头告知客人"这是您的退房日期、房价和总房费，请您再次确认"的同时，用笔在入住登记单上圈出正在说明的信息的位置，方便客人快速定位，确认相关信息。

注意事项

　　酒店在不同时间段、不同客源渠道的价格不同，为防止客人相互比较房价，造成不必要的不愉快，接待员不能大声说出房价，而应在入住登记单上标注每晚的房价和总房费，并在与客人核对入住登记单时，提醒客人确认。

想一想

除了这样回复客人对于留下联系方式的疑问，还可以怎么回复？

5. 请客人补全信息。如果入住登记单上没有客人的电话、电子邮箱等联系方式，接待员应礼貌地请客人在相应位置填写。如果客人询问为什么要留下联系方式，可以回答："以防您在退房时有任何贵重物品遗留，我们能及时联系到您。"

6. 请客人签字。在礼貌告知客人入住登记单上的酒店相关规定后，请客人在入住登记单底部签字。介绍酒店相关规定时必须包括退房时间和无线网络密码。如果客人有预订餐食，则必须向客人介绍用餐时间和地点。在请客人签字时，应把带有酒店标志的定制笔双手递送给客人。

示例：

接待员：王女士，这是您的入住登记单。请您再次确认退房日期、房价和总房费，并填写联系方式，以便退房时有任何贵重物品遗留，酒店能及时联系到您。房价已经包含了半餐食套餐的费用、税费和服务费。如果没有问题的话，麻烦您在底部签字确认。

客人：好的。

注意事项

入住登记单是酒店与客人签署的一份合同，是发生争议时的重要依据。接待员要清晰地认识到，请客人在入住登记单上签字是非常重要的，接待员绝对不可以代替客人签字。

表 2-1-3　上海公园大酒店入住登记单

入住登记单 Registration Form		填表日期 Prepared Date	年 Y	月 M	日 D

姓 Surname		名 Given Name	
性别 Gender		出生日期 Date of Birth	
国家或地区 Country/ Region		房号 Room NO.	
证件种类 Type of Certificate		证件号码 Certificate Number	
居住地址 Address			

（续表）

抵达日期 Arrival Date		离店日期 Departure Date	
预订确认号 CRS/ Conf. NO.		房价 Room Rate	
联系电话 Contact Number		电子邮件 Email Address	

相关规定：

1. 酒店担保入住时间为 15：00，最迟退房时间为中午 12：00

Guaranteed CHECK-IN time is 15：00. Latest CHECK-OUT time is 12 noon

2. 客人愿意为自身、访客或他们所负责的任何人对酒店造成的任何损失或损害负责

You are willing to accept responsibility for any loss or damage caused to the hotel by yourself, your visitors or anyone for whom you are responsible

3. 请将行李交行李房寄放，贵重物品寄放保险箱。酒店对客人在本酒店遗失金钱、珠宝及贵重物品不承担任何责任，大堂前台及客房内为您免费提供保险箱服务

We regret the hotel cannot assume for the loss of money, jewelry and other valuables on your premise. Safe deposit boxes are available without charge at the Front Desk and guest rooms. Please keep your luggage in our concierge for storage

4. 晚上 11 点后，来访客人恕不挽留

Visitors are not permitted in guest room after 11：00 PM

5. 根据《上海市公共场所控制吸烟条例》，酒店公共区域和客房内禁止吸烟行为。若有违规，酒店将额外收取每晚人民币 500 元作为深度清洁费用

Please be informed that this is a Non-smoking room. In order to abide by Shanghai government Non-smoking regulation, smoking is strictly prohibited in hotel's public area and hotel rooms. For any infringement, intensive cleaning at CNY 500 daily will be imposed to the final room bill

客人签名： Signature：	接待员： Assisted By：

　　7. 介绍酒店的设施与服务。在客人签字时，接待员还可以有针对性地向客人介绍 1 至 2 项酒店的设施与服务，如水疗、特色餐厅、游泳池。

　　示例：

　　接待员：王女士，酒店最晚退房时间是中午 12：00，无线网络密码是您的姓氏拼音。此外，您预订的早餐在 1 楼的大堂享用，时间是 6：30 至 10：30，晚餐在 6 楼的自助餐厅享用，时间是 17：00 至 21：00。酒店的健身房和游泳池向住店客人免费开放，时间是 7：00 至 22：00。您可以在房间的电视柜上找到酒店提供的所有设施与服务的详细信息。

　　客人：好的。

想一想

为什么要告知客人酒店的设施与服务？

图 2-1-5　酒店的健身房和游泳池

三、收取押金并进行身份验证

讨论

如果客人对押金的金额有异议，不愿意支付相应金额，应该怎么办？

1. 收取押金。根据酒店规章制度，正确计算押金的金额，并礼貌询问客人希望如何支付押金。大部分酒店接受信用卡支付、现金支付、移动支付（支付宝、微信、云闪付等）三种支付方式。

如果客人使用信用卡支付方式，接待员应礼貌询问客人信用卡是否有密码，并请客人在预授权回执上签字。

如果客人使用现金支付方式，接待员应使用验钞机清点金额、验明真伪，并按照财务要求正确填写押金单，请客人签字后放在信封中交给客人，并告知客人，出于安全考虑，退房时还需要再次签名核对，请客人本人带上押金单在前台完成相关手续。

如果客人使用移动支付方式，接待员应礼貌请客人出示付款页面，在使用机器扫描后告知客人，退房时如无其他消费，押金将自动原路返还。

2. 进行身份验证。对于持身份证办理入住登记手续的客人，接待员可以把客人的身份证放在"住宿留宿人员登记系统"的身份证件识别区，请客人直视人脸识别机，在完成识别后，输入客人的房间号，点击入住；对于持其他证件的客人，接待员可以按国家相关规定扫描证件并及时上报。

图 2-1-6　身份验证一体机

示例：

接待员：王女士，根据您的房价，押金一共为 5000 元，请问您怎么支付？刷卡支付、现金支付、移动支付都可以。

客人：刷卡支付，谢谢。

接待员：谢谢您，王女士，麻烦您输入密码。

客人：输入好了。

接待员：好的，这是您的小票，请保管好。

客人：好的。

接待员：王女士，请您直视镜头进行人脸比对。

客人：好的。

四、礼貌道别

1. 归还客人的证件。走出柜台，把客人的身份证件、信用卡（如有）等双手递交给客人。

2. 告知客人楼层信息。把房卡置于房卡套内，在房卡套上写明房间号，双手递交给客人。注意在递交房卡时，出于保护客人隐私和安全的考虑，只能告知客人楼层信息，不能说出具体的房间号。

图 2-1-7　接待员双手把房卡递交给客人

> **注意事项**
>
> 　　房间号属于客人隐私，要注意保密。接待员可以把房间号写在房卡套上交给客人，并告知客人楼层信息。

3. 为客人指引电梯和房间位置。为方便客人，接待员可以通过肢体语言，用手掌、手臂为客人指明电梯位置，并告知客人房间的大致位置，如出电梯后右转。

4. 协助客人运送行李。礼貌询问客人是否需要帮忙运送行李。如果需要帮助，应和客人确认行李件数，在行李牌上联记录房间号、客人姓名、行李件数、日期和具体需求（离店寄存、进店送至房间等），把行李牌下联交给客人，并通知礼宾部同事运送行李。

5. 感谢客人。再次感谢客人选择酒店，告知客人自己的名字，并询问客人是否有其他需要。如果没有其他需要，则祝客人入住愉快。

提示

为避免客人意外丢失行李牌后，行李被他人冒领，酒店交给客人的行李牌下联一般只会写明行李件数。酒店员工应与客人核对姓名和房间号后再将行李交给客人。

示例：

接待员：王女士，这是您的身份证件、信用卡和房卡。房间在8楼，具体房间号写在您的房卡套上，出电梯后右转就能找到您的房间。您需要帮忙运送行李吗？

客人：请帮我把这个行李箱送上去吧。我想先去大堂休息一下。

接待员：好的，王女士，电梯在您的左手边。请问还有什么能为您效劳的吗？

客人：没有了，谢谢。

接待员：不客气，王女士，再次感谢您选择上海公园大酒店。我是×××，如果有任何需要帮助的地方，请您随时联系我，或者拨打我们快捷服务中心的电话"0"。祝您入住愉快。

图 2-1-8　礼宾员在运送行李

总结评价

依据世界技能大赛酒店接待项目对于入住内容的相关评分细则，评分方式分为"客观"和"主观"两部分。"客观"部分主要评判待客过程中有无步骤和语言上的遗漏，如无特殊说明，只有"全部得分"和"不得分"两种情况。"主观"部分则根据选手的表现进行权重打分。请将分值除以3后乘以该项的权重，计算该项的最终成绩。

表 2-1-4　客观评分表

序号	评价项目	评价标准	分值	得分
1	迎宾	礼貌问候，主动为客人提供帮助，欢迎客人光临	0.5	
		询问客人的姓名，请客人出示身份证件，在接待过程中至少三次称呼客人姓氏	1	

（续表）

序号	评价项目	评价标准	分值	得分
2	确认预订信息并安排房间	通过系统查询，与客人确认退房日期、房晚数、房型、房价、入住人数以及其他备注信息。每确认一项得 0.5 分	3	
		询问客人对房间的偏好	0.5	
3	介绍入住登记单及酒店相关信息	打印入住登记单，与客人再次确认退房日期、房价、总房费。每确认一项得 0.5 分	1.5	
		请客人在入住登记单上签字并补全联系方式	0.5	
		向客人说明退房时间、无线网络密码、房间设施、酒店设施、早餐时间和地点。每说明一项得 0.5 分	2.5	
4	收取押金并进行身份验证	正确收取客人的押金	2	
		正确进行身份验证	1	
5	礼貌道别	把身份证件、信用卡、房卡交还给客人；为客人指引电梯和房间位置（如果接待过程中完整重复了客人的房间号，则本项不得分）；协助客人运送行李。每完成一项得 1 分	3	
		询问客人是否需要其他服务	1	
		再次感谢客人，祝客人入住愉快	0.5	
		总分	17.0	

表 2-1-5　主观评分表

序号	评价项目	评价标准	分值	权重	得分
1	寒暄	未寒暄	0	5	
		仅有简单寒暄（如"路上是否顺利"），但未对客人回复做出反应	1		
		自然地与客人寒暄，营造良好氛围	2		
		自然地与客人寒暄，营造良好氛围，并有针对性地介绍酒店的设施与服务	3		
2	增值销售	未进行增值销售	0	5	
		仅额外告知客人酒店的一项设施与服务，但未尝试销售	1		
		有针对性地增值销售酒店的一项设施与服务	2		
		有针对性地增值销售酒店两项及以上的设施与服务	3		

（续表）

序号	评价项目	评价标准	分值	权重	得分
3	信心	没有信心，压力大，不专心	0	4	
		几乎没有信心	1		
		自信，冷静	2		
		自信，冷静，细心待客	3		
总分					

拓展学习

讨论

随着科技发展，接待员的工作是否会逐步被自助入住机替代？

查一查

国内外有哪些酒店以优质的管家服务而闻名？

除了在前台办理入住登记手续，客人还有哪些选择？

客人可以根据自己的需求，在大堂自助入住机或手机移动端自助办理入住登记手续。酒店会员或预订行政楼层房间的客人，还可以前往酒店的行政酒廊办理入住登记手续。针对部分高度重视隐私的贵宾，酒店会为其提供管家服务，协助其在客房内办理入住登记手续。

图 2-1-9　酒店的行政酒廊和管家服务

思考与练习

一、思考题

1. 思路与方法中讨论了客人提前抵达酒店的接待方法。如果客人晚于酒店规定的入住时间抵达酒店，且酒店没有客人预订房型的干净可用的房间，应怎么办？

2. 为什么当酒店仅有少量干净可用的房间时，不建议直接把房间分配给提前抵达酒店的客人？

二、技能训练题

某天 15：00，李女士和爱人一起到前台办理入住登记手续。请根据图中提供的信息，按照酒店入住流程写下李女士与接待员的对话，并请同学扮演李女士，由你扮演接待员，为其办理入住登记手续。

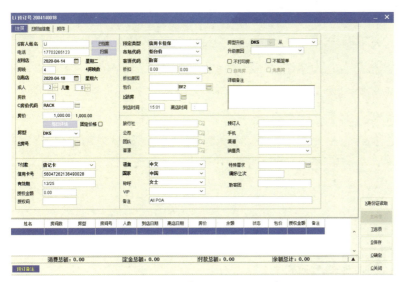

图 2-1-10 李女士的预订信息

任务 2 特殊客人入住办理

学习目标

1. 能列举酒店接待 VIP 客人时涉及的部门及各部门的工作内容。
2. 能在客人入住时有针对性地为其介绍酒店提供的特殊设施与服务。
3. 能为 VIP 客人办理入住登记手续并介绍房间。
4. 能及时处理其他客人委托酒店向 VIP 客人赠送礼物、询问 VIP 客人信息等情况。
5. 能严格遵守酒店相关规章制度，把客人的隐私和安全放在首位，不外传 VIP 客人的隐私信息，不泄露 VIP 客人的行程安排。

情景任务

你是上海公园大酒店的当班经理，部门晨会上，你注意到今天 15：00 有一位重要客人梁先生入住，他是酒店业主 ×× 集团的总监，曾多次入住上海公园大酒店。请你与各部门协调，做好接待准备，并安排前厅部的接待工作。

思路与方法

为提升客人的体验，接待员应在高效完成标准入住流程的基础上，为家庭娱乐客人、VIP 客人、残障客人提供有针对性的设施与服务。接待员应了解 VIP 客人抵达酒店前及抵达当天前厅部应完成的工作、VIP 客人的隐私保护方法。

一、家庭娱乐客人入住时，可以介绍哪些设施与服务？

1. 餐厅服务。大部分家庭娱乐客人的出行目的都是游玩，他们有较大意愿尝试当地的特色餐厅。针对在午餐或晚餐时段入住的家庭娱乐客人，接待员应抓住机会，从询问其是否已经用餐，自然地过渡到对酒店餐厅的介绍，增加酒店收益。

讨论

可以从哪几方面介绍当地的特色餐厅？

2. 代订鲜花服务。家庭娱乐客人中，夫妻二人共同入住的情况也很普遍。鲜花作为爱与浪漫的代名词，非常适合推荐给庆祝特殊节日的家庭娱乐客人。

想一想

代订鲜花时，需要询问客人哪些信息？

图 2-2-1　代订鲜花服务

3. 亲子服务。家庭娱乐客人中，有一些是带孩子出游的家庭。根据孩子年龄的大小，酒店可以为该类客人提供以下几项服务。

表 2-2-1　亲子服务

服务类型	服务内容
婴幼儿看护服务	对于携带婴幼儿出游的家庭，酒店可以为其提供婴幼儿看护服务，让家长能够在某一时间段内尽兴游玩。该服务通常为收费服务，由与酒店合作的专业家政公司提供
儿童娱乐设施服务	部分酒店会在内部设置专门区域，准备充气城堡、人造沙滩、宠物乐园等儿童娱乐设施供住店客人游玩。部分项目会额外收取费用
家庭房服务	部分酒店会专门设置家庭房以便家庭娱乐客人入住。该房型一般包含两张大床，还有针对儿童的特殊布置，如儿童帐篷、儿童浴袍、儿童拖鞋、玩具
儿童套餐服务	部分酒店会在家庭娱乐客人入住时为儿童准备涂鸦本、玩具等作为欢迎礼物；会在 20：00 左右为儿童送来热牛奶等助眠套餐

讨论

为什么国内客人对婴幼儿看护服务的需求相对较少？

（续表）

服务类型	服务内容
青少年活动中心服务	部分酒店会专门设置青少年活动中心，供青少年交友并开展骑行、野外徒步等团队活动

二、VIP 客人入住时，可以介绍哪些设施与服务？

1. 快速入住服务。为提供更为舒适、私密的环境，VIP 客人通常会被安排在酒店的行政酒廊或客房内，由专人（通常为当班经理或前厅部经理）为其办理入住登记手续。进入房间后，接待员应简单介绍客房内的设施以及鲜花、甜品、酒水、果篮、欢迎卡片等 VIP 欢迎礼遇。

图 2-2-2　VIP 欢迎礼遇示例

2. 管家服务。部分酒店设有专门的管家部，为客人提供 24 小时的管家服务，如协助安排 VIP 客人在店期间的用餐和用车、客房与行李物品的打扫和整理。为提供更为舒适的入住体验，管家还会根据 VIP 客人入住期间的细节，调整客房布置，如管家会根据 VIP 客人喜欢睡在床的哪一边、是否使用浴室里的浴袍等细节调整开夜床的程序。在接待过程中，管家还会尽可能多地记录 VIP 客人的偏好，完善 VIP 客人的档案。

图 2-2-3　开夜床服务

3. 餐厅服务。VIP 客人通常更愿意在酒店餐厅的包间或客房内用餐。在为 VIP 客人推荐餐厅时，接待员应推荐档次较高、私密性较好且较为安静的餐厅，并主动为 VIP 客人预约座位。接待员还要询问并记录 VIP 客人的餐饮偏好和禁忌并转告餐饮部。

4. 水疗服务。水疗作为酒店常见的康体康乐设施，深受女性喜爱。水疗服务价格通常较高，环境私密、舒适，体验极佳，较适合推荐给 VIP 客人。

三、残障客人入住时，可以介绍哪些设施与服务？

残障客人抵达酒店后，往往比较关注酒店内及周边的无障碍设施。接待员应有选择性地介绍客人能够使用的设施，并主动告知相关的便利设施与服务。

1. 针对视力障碍客人的服务。对于有盲文阅读能力的视力障碍客人，可以为其介绍酒店电梯按钮上的盲文。在说明餐厅位置时，使用"餐厅在二楼，出电梯后右转，直走 15 步，餐厅将在您的左手边"等更为具体的方位说明方式。注意：在酒店内遇到视力障碍客人时，不能随意触碰、搀扶。

2. 针对听力障碍客人的服务。对话时应放慢语速，加大音量，必要时可以通过手语、文字与客人交流。

3. 针对借助轮椅出行客人的服务。介绍酒店无障碍专用停车位（如客人开车出行）、客房内特殊高度的桌子和床，并主动为客人提供行李运送和打包等服务。

提示

未经允许，触碰、搀扶视力障碍客人，容易导致客人因失去平衡而摔倒。

图 2-2-4 视力障碍客人在阅读盲文　　图 2-2-5 听力障碍客人借助手语沟通

四、VIP 客人抵达酒店前后，前厅部应完成哪些工作？

VIP 客人抵达酒店前后，前厅部应完成的工作见表 2-2-2。

表 2-2-2　VIP 客人抵达酒店前后前厅部应完成的工作

时间	前厅部应完成的工作
VIP 客人抵达酒店前 2 至 3 天	在系统中提前安排房间，锁房后通知客房部做深度清洁

提示

锁房是酒店常用术语，即在系统中把房间锁定给某位客人。

（续表）

时间	前厅部应完成的工作
VIP 客人抵达 酒店当天	与 VIP 客人的助理再次确认 VIP 客人的离店日期、付款方式、预计抵达时间等预订信息；确认无误后，在系统中为 VIP 客人提前办理入住登记手续，打印入住登记单并制作房卡
VIP 客人抵达 酒店后	前厅部经理陪同酒店领导共同迎接 VIP 客人，陪同 VIP 客人至酒店房间
VIP 客人抵达 房间后	前厅部经理上前欢迎、自我介绍；告知 VIP 客人所有信息已提前与助理核对，请 VIP 客人在入住登记单上签字并确认。简要介绍房间设施和房价中已包含的权益，把房卡交给 VIP 客人；简要与 VIP 客人确认住店期间的行程安排。办完手续后，留下名片与联络方式，向 VIP 客人道别

想—想

如果 VIP 客人在退房时提出，希望再次来酒店时仍能入住同一房间，应如何回应？

五、其他客人询问 VIP 客人信息时的处理方法是什么？

隐私和安全往往是 VIP 客人选择酒店的重要影响因素。接待员直面客人，最有可能遇到其他客人委托酒店向 VIP 客人赠送礼物、询问 VIP 客人信息等情况。

接待员一方面要严于律己，不主动泄露 VIP 客人的身份证件信息、联系方式、房间号、行程安排等隐私信息；另一方面要提高警惕，避免在沟通中意外泄露 VIP 客人在店这一信息。

当其他客人来到前台，希望了解 VIP 客人是否即将入住酒店时，接待员可以回复："抱歉，根据酒店的规章制度，我们不能向任何客人透露其他客人的任何信息，您可以尝试联系客人本人了解情况，感谢您的理解。"遇到其他客人委托酒店向 VIP 客人赠送礼物、转交物品等情况，接待员都可以使用同样的话术回复。

提示

如果其他客人能够明确告知 VIP 客人的房间号和姓名，且相关信息与系统中的信息一致，接待员应在核实后为其提供物品转交服务。

活动

一、在 VIP 客人抵达酒店前做好准备工作

1. 查看当日房态，根据 VIP 客人的预订信息和客史档案，在系统中安排房间并锁房。如果 VIP 客人曾入住酒店，有偏爱的房间布局或景观，则应尽量为其安排。

2. 通知客房部深度清洁并全面检查房间设施。如果房间有任何问题，则应尽快更换房间或通知工程部维修。

3. 当班经理在部门例会上向当班员工介绍所有在店或即将抵店的 VIP 客人。要求员工能够识别在店或即将抵店的 VIP 客人，避免在接待 VIP 客人时询问客人的姓氏和房间号。

4. 在客房部完成房间布置后，当班经理应亲自前往客房检查。当班经理亲自检查的内容包括客房卫生、设施设备和欢迎礼遇的准备情况。VIP 客人的欢迎卡片一般由酒店管理层亲自手写并落款。为了使 VIP 客人能够得到及时的帮助，当班经理还可以在欢迎卡片旁放上自己的名片。

讨论

员工如何识别 VIP 客人？

图 2-2-6　生日欢迎礼遇示例

二、在 VIP 客人抵达酒店后引领其前往行政酒廊

1. 迅速识别 VIP 客人的身份。使用尊称称呼 VIP 客人，并对 VIP 客人的到来表示欢迎。

2. 由专人引领 VIP 客人前往行政酒廊办理入住登记手续，并协助 VIP 客人运送行李。在前往行政酒廊的过程中，接待员应与客人寒暄，

提示

由于场地限制，世界技能大赛酒店接待项目没有搭建行政酒廊。接待员可以请 VIP 客人在沙发区域入座后为其办理入住登记手续。此时客人是坐姿，需要格外注意，沟通时应始终保持平视。

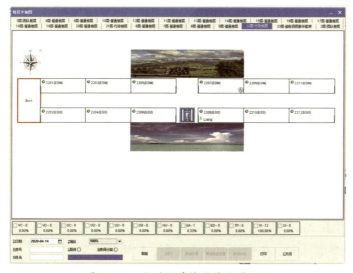

图 2-2-7　行政酒廊楼层平面图示例

并介绍沿途的酒店设施与服务。交通、天气都是比较恰当的寒暄话题，如"您一路上还顺利吧""上海这几天都会下雨，我们在房间衣柜里为您准备了雨伞，如果有需要，您可以随意取用"。需要注意，如果客人是酒店常客，应有针对性地为其介绍酒店新增的服务或活动。

3. 向行政酒廊员工介绍 VIP 客人，询问 VIP 客人对茶水的偏好。为 VIP 客人准备欢迎饮品后礼貌道别。

三、为 VIP 客人办理入住登记手续

1. 打招呼。使用"姓氏＋先生／女士"的方式向 VIP 客人问好，欢迎 VIP 客人光临酒店。在沟通过程中，注意保持目光接触和平视交流，使用自然、亲切、温和的方式，让客人感受到被欢迎。应至少三次称呼客人姓氏。

2. 寒暄。询问 VIP 客人的出行目的、路上交通情况、是否来过当地等，主动为 VIP 客人提供欢迎茶水。需要注意，在接待入住过酒店的 VIP 客人时，应在寒暄的过程中根据客史档案信息提供定制化的服务。

示例：

接待员：下午好，梁先生，好久不见，欢迎您回来。

客人：确实好久没来了，我最近一直在北京跟进项目。

接待员：您太辛苦了。这是为您准备的咖啡，还是按照您的习惯，不加奶，不加糖。

客人：谢谢。

接待员：不客气，梁先生，这次路上还顺利吗？

客人：还可以，没有堵车。

3. 与 VIP 客人核对预订信息。具体包括：（1）退房日期；（2）房晚数；（3）入住人数；（4）房型；（5）是否含餐食；（6）付款方式；（7）其他备注信息。

4. 安排房间。VIP 客人的房间虽然不用现场安排，但仍需要在入住时与 VIP 客人确认。对于未入住过的 VIP 客人，应向其强调房间在景观或设施上的优势。对于入住过的 VIP 客人，则可以在简要介绍房间景观或设施后，说明该房间是根据其偏好特意安排的。

示例：

接待员：梁先生，请允许我和您确认一下预订信息，您这次要住 3 个晚上，8 月 27 日退房，您预订了一间行政套房，房间包含行政酒廊的早餐和晚餐各 1 份，房费将由公司支付，对吗？

客人：对的。

想一想

如何知道 VIP 客人的姓氏？

提示

如果 VIP 客人有助理，则可以提前与助理核对预订信息。VIP 客人抵达酒店后仅需要在入住登记单上签字。

想一想

如果公司支付房费，VIP 客人需要提供佐证材料吗？

接待员：好的，您上次退房时提到，您特别喜欢8楼那间行政套房的布局，我们这次特意为您预留了房间，希望您能住得舒心。

客人：谢谢，那间行政套房的沙发就在窗边，空间也大，住起来很舒服。

接待员：不用客气，梁先生，您的满意是对我们最大的鼓励。

5. 打印并请VIP客人核对入住登记单。通过系统打印入住登记单，并请VIP客人再次确认退房日期、房价和总房费。

6. 确认联系方式并请VIP客人签字。请VIP客人再次核对联系方式，并在入住登记单上签字。

7. 介绍酒店的设施与服务。在VIP客人签字时，应礼貌告知酒店为其提供的服务，如免费延迟退房至16：00、行政酒廊的餐饮和会议室服务、管家服务。对于第一次入住酒店的VIP客人，接待员还需要介绍无线网络密码、早餐时间和地点等，并有针对性地向VIP客人介绍1至2项酒店的设施与服务，如水疗、特色餐厅、游泳池。

示例：

接待员：您本次入住的早餐和晚餐与之前一样，都安排在行政酒廊，早餐时间是6：30至10：30，晚餐时间是17：00至21：00，其他时间段行政酒廊还会提供免费的软饮料和小食。此外，您本次入住还可以免费使用2个小时的行政酒廊会议室，如果您有会议需求，请随时告诉我们。

客人：好的。

8. 收取押金。根据酒店规章制度，正确计算押金的金额，并礼貌询问VIP客人希望如何支付押金。

9. 进行人脸比对。请VIP客人出示有效身份证件，并直视人脸识别机，在完成识别后，输入VIP客人的房间号，点击入住。

10. 归还VIP客人的证件并协助VIP客人运送行李。走出柜台，礼貌归还VIP客人的身份证件和信用卡（如有），如果VIP客人愿意，则主动帮助其运送行李，并引领VIP客人前往房间。

四、引领VIP客人抵达房间并入住

1. 引领VIP客人进入房间。在使用房卡开门的同时说明房卡的使用方法。房门打开后请VIP客人先进入房间。房间属于VIP客人的私人空间，应在征得同意后进入。

2. 安置行李。进入房间后，征询VIP客人的意见，为其安置行李。如果VIP客人无特殊要求，一般把行李放置在行李架上。

> **提示**
>
> 一般情况下，普通客人免费延迟退房不超过14：00，14：00至18：00退房应加收半天房费，18：01及以后退房应加收整晚房费。

> **提示**
>
> VIP客人的房间通常会提前开启空调，确保温度适宜。夏天为避免阳光直射导致房间内温度升高，酒店客房部会把纱帘拉上。

图 2-2-8　行李架

3. 介绍房间设施。以顺时针或逆时针顺序为 VIP 客人介绍房间设施。需要注意，介绍时应有针对性，重点介绍酒店客房特色或不常见的客房设施。在介绍完房间设施后，可以有意识地将 VIP 客人再次引领至房间门口，方便后续道别。

4. 增值销售。有针对性地为 VIP 客人介绍 1 至 2 项酒店的设施与服务，如水疗、特色餐厅、游泳池，尝试增值销售。

5. 礼貌道别。再次感谢 VIP 客人入住，双手递上名片，并询问 VIP 客人是否需要其他帮助。如果 VIP 客人无其他需求，则礼貌道别，离开房间。需要注意，离开时应尽量避免背对客人。

试一试

请模拟接待场景，为 VIP 客人介绍房间的设施。

总结评价

依据世界技能大赛酒店接待项目对于入住内容的相关评分细则，评分方式分为"客观"和"主观"两部分。"客观"部分主要评判待客过程中有无步骤和语言上的遗漏，如无特殊说明，只有"全部得分"和"不得分"两种情况。"主观"部分则根据选手的表现进行权重打分。请将分值除以 3 后乘以该项的权重，计算该项的最终成绩。

表 2-2-3　客观评分表

序号	评价项目	评价标准	分值	得分
1	准备	在系统中为 VIP 客人安排符合其要求的房间	1	
		在系统中正确完成锁房操作	1	

序号	评价项目	评价标准	分值	得分
2	迎宾	礼貌问候，主动为客人提供帮助，欢迎客人光临	0.5	
		邀请 VIP 客人入座，并主动提供茶水服务。在沟通时，应保持目光平视	0.5	
		能识别 VIP 客人的身份，在接待过程中正确使用尊称	1.5	
		使用尊称称呼 VIP 客人三次及以上	1.5	
3	确认预订信息并打印入住登记单	通过系统查询，与 VIP 客人确认退房日期、房晚数、房型、房价、入住人数、其他备注信息。每确认一项得 0.5 分	3	
		打印入住登记单，与 VIP 客人再次确认退房日期、房价、总房费	1.5	
		请 VIP 客人在入住登记单上签字并确认联系方式	0.5	
		向 VIP 客人说明退房时间、无线网络密码、房间设施、酒店设施、早餐时间和地点。每说明一项得 0.5 分	2.5	
		有针对性地介绍酒店为 VIP 客人提供的权益	1	
4	收取押金并进行身份验证	根据 VIP 客人的意愿和酒店规则，正确收取 VIP 客人的押金	2	
		以恰当的方式进行身份验证	1	
5	礼貌送别	把身份证件、信用卡、房卡交还给 VIP 客人；主动为 VIP 客人提供行李运送服务，并引领 VIP 客人至房间；有针对性地为 VIP 客人介绍房间设施。每完成一项得 1 分	3	
		询问 VIP 客人是否需要其他服务	1	
		再次感谢 VIP 客人，祝 VIP 客人入住愉快	0.5	
总分			22	

表 2-2-4　主观评分表

序号	评价项目	评价标准	分值	权重	得分
1	寒暄	未寒暄	0	5	
		仅有简单寒暄（如"路上是否顺利"），但未对客人回复做出反应	1		
		自然地与客人寒暄，营造良好氛围	2		
		自然地与客人寒暄，营造良好氛围，并有针对性地介绍酒店的设施与服务	3		

（续表）

序号	评价项目	评价标准	分值	权重	得分
2	增值销售	未进行增值销售	0	5	
		仅额外告知客人酒店的一项设施与服务，但未尝试销售	1		
		有针对性地增值销售酒店的一项设施与服务	2		
		有针对性地增值销售酒店两项及以上的设施与服务	3		
3	信心	没有信心，压力大，不专心	0	4	
		几乎没有信心	1		
		自信，冷静	2		
		自信，冷静，细心待客	3		
		总分			

拓展学习

一、酒店在接待 V1 客人时，需要哪些部门的配合？

V1 客人是指国家元首、总统、副总统、总理、副总理等重要来宾。他们的接待规格远高于酒店其他 VIP 客人的接待规格，需要酒店总经理办公室、销售部、安保部、前厅部、客房部、餐饮部等多部门相互配合。

二、各部门在接待 V1 客人时分别负责什么工作？

接待 V1 客人时，酒店各部门负责的工作内容见表 2-2-5。

想一想

在酒店大门欢迎 V1 客人时，哪些部门经理需要到场？

表 2-2-5 各部门接待 V1 客人的工作内容

部门	工作内容
总经理办公室	总经理亲自手写欢迎信，并在酒店大门欢迎 V1 客人，陪同 V1 客人前往房间

（续表）

部门	工作内容
销售部	（1）V1 客人抵店前，与其助理对接，记录 V1 客人的预订信息和相关要求，并与酒店各部门沟通落实 （2）V1 客人抵店时，陪同总经理欢迎客人 （3）V1 客人入住期间，与其助理保持沟通，确认 V1 客人的行程安排，落实 V1 客人在店期间提出的要求 （4）V1 客人离店后，与其助理保持联系，了解 V1 客人的入住反馈
安保部	安保部负责 V1 客人在店时的安全问题。V1 客人抵店前，为其预留车位，控制电梯。V1 客人在店期间，加强酒店内外的安保工作
前厅部	V1 客人抵店前，提前安排房间并准备房卡、入住登记单。V1 客人抵店后，为其办理入住登记手续和介绍房间
客房部	（1）V1 客人抵店前 2 至 3 天，深度清洁 V1 客人的房间并全面检查房间设施。房间要经客房部主管、客房部经理、客房部总监、总经理层层检查 （2）V1 客人抵店当天，通知花房准备鲜花，并把总经理提前准备好的欢迎信放置在欢迎礼遇旁 （3）V1 客人离店当天，管家将与其助理确认账单和预计离店时间，在得到 V1 客人允许后，为其收拾行李，并通知礼宾部帮忙运送行李、安排车辆
餐饮部	根据 V1 客人抵店日期、具体身份等信息定制甜品，准备果篮、酒水等。在 V1 客人抵店当天，把欢迎礼遇送至房间

试一试

请模拟接待场景，欢迎 V1 客人并将其送至客房。

讨论

如何得知 V1 客人的喜好，更好地为其准备欢迎礼遇？

 **思考与练习**

一、思考题

1.《旅馆业治安管理办法》规定，所有入住酒店的中国公民都必须进行人脸识别，但人脸识别机器较难移动，如何实现客房内快速入住服务？

2. 客房部根据 VIP 客人偏好调整其拖鞋、浴袍等物品的摆放位置，旨在为 VIP 客人提供便利，但这一行为也有一定的弊端。请列举可能存在的弊端并思考酒店应如何避免可能发生的问题。

二、技能训练题

通过系统查询可知，今天 17∶00，酒店高级会员张女士会入住酒店。她预订了一间江景套房，共入住 3 晚，房费在前台自付。客史档案中提到，张女士是一位素食主义者，且非常注重客房卫生。

1. 请你扮演酒店当班经理，与其他部门配合，共同为张女士准备房间，并在部门例会上向所有当班员工介绍张女士。

2. 请同学扮演张女士，由你扮演接待员，为其办理 VIP 入住登记手续。

模块三

在店

酒店是旅行者的家外之家，满足着客人衣、食、住、行、游、购、娱等方面的需求，也处理着客人在入住期间遇到的各类突发事件。酒店前台作为待客服务的第一线，是客人问询当地旅游信息、预订酒店餐厅、咨询酒店会议室、表达不满情绪以及紧急情况下求助的主要对象。

本模块分为四个任务：任务1，投诉处理；任务2，突发事件处理；任务3，旅游推荐；任务4，设施与服务问询处理。接待员应熟悉酒店的设施与服务，了解当地旅游信息，掌握一定的急救知识，并具备平和的心态、独立的处事能力和较强的应变能力。

图 3-0-1　酒店的行政酒廊

任务 1　投诉处理

学习目标

1. 能理解酒店客人投诉的范畴。
2. 能列举投诉处理中的不当行为。
3. 能根据客人投诉的类别和投诉处理的相关知识处理投诉。
4. 能灵活掌握处理各类投诉的方法和技巧。
5. 能在处理投诉的过程中，提升爱岗敬业、友善待人的工作品质。

情景任务

上海公园大酒店前厅部经理正在翻阅前一天的工作日志（Log Book）。（1）1105 房间王先生曾打电话确认酒店的游泳池是开放的，但入住后，他发现游泳池因检修维护而暂停开放。王先生的女儿很失望。王先生来到前台投诉。（2）1008 房间赵女士投诉房间内的吹风机无法使用。她打电话向前台求助后，半个小时内仍未送到，她再次打电话向前台投诉。（3）1303 房间李先生投诉隔壁房间音乐声太大，使其无法入睡。

提示

前厅部工作日志记录着酒店内所有不寻常的事情、客人的投诉和要求等。接待员要按规定格式如实记录，以便下一班次员工跟进。

思路与方法

妥善处理客人投诉是酒店工作人员需要具备的重要工作能力。接待员应快速识别不同类型的投诉，并采取相应的处理办法，通过合理、得体的表达和及时有效的措施帮助客人解决问题，提升客人对酒店的满意度。

一、为什么酒店必须重视客人的投诉？

对酒店不满的客人中，会投诉的客人往往只占少数，大部分客人即使对酒店不满也不会投诉，而是停止购买酒店的产品或服务，转向其他竞争品牌，并传播对酒店不利的消息。

接待员在客人投诉时应积极倾听，主动寻求能使客人满意的解决方法。如果客人没有机会把投诉内容告诉接待员，他们就会告诉亲朋好友或同事，酒店将不得不耗费更多成本挽回形象。

讨论

酒店会为忠诚客人提供哪些便利？

酒店应感谢愿意投诉的客人，只有客人投诉，酒店才有机会弥补错误，避免类似事件再次发生。一次成功的投诉处理能增进客人与酒店的关系，把投诉客人转化为酒店忠诚客人。使住客变为常客所需花费的金额是开发一位新客人的1/10，积极主动地增进客人与酒店的关系将使酒店受益无穷。

二、酒店中的客人投诉可以分成哪几类？

在酒店中，客人投诉大致可以分成设施设备类投诉、服务态度类及服务质量类投诉、其他事件类投诉。

1. 设施设备类投诉

该类投诉包括温度控制、灯光、电力、客房设备、制冰机、自动售货机、门锁、管道、电视机、电梯等投诉。酒店即使制订了相对完善的预防性维修计划，也不能杜绝相关问题的发生，有效使用前厅部工作日志和报修单可以减少此类投诉的发生。

讨论

酒店还有哪些报修方法？不同报修方法的优点和缺点是什么？

为快速排除设施设备故障，酒店客房部与工程部大多配备了专用报修系统。创建任务后，该系统会自动分配任务至空闲员工手机端，记录并跟踪员工接收任务的时间和排除故障的时长。故障排除后，员工可以通过手机端反馈故障排除情况，系统会反馈给任务创建人。

2. 服务态度类及服务质量类投诉

想一想

酒店管理者应如何处理客人辱骂员工的情况？

常见的服务态度类投诉有两种。一是接待员态度粗鲁、表情冷漠、未理睬客人提问等由员工自身态度问题造成的投诉。客人听到酒店员工的对话或抱怨进而投诉也属于该类情况。遇到该类投诉，酒店管理者应高度重视，多听取员工意见，并加强对相关员工的培训。二是接待员在处理客人投诉的过程中措辞不当，造成客人在原有投诉的基础上投诉员工服务态度。遇到该类投诉，酒店管理者应在真诚道歉后，仍以处理原有投诉为主。需要注意，酒店管理者接手员工正在处理的投诉时，应向员工了解其提出的解决方案，避免出现解决方案前后不一致的情况，使客人更加不满。

图 3-1-1　接待员在处理客人投诉

服务质量类投诉涉及酒店提供服务的质量，通常包括服务礼仪、职业道德、服务技能、服务项目、服务效率、清洁卫生、安全工作等。等候服务时间过长、无人帮助运送行李、客房不整洁、无人接听电话、未及时提供叫醒服务、食物不可口、增加客用品的要求未得到重视等都可能引发该类投诉。酒店客满或高出租率时，该类投诉通常会增加。

3. 其他事件类投诉

客人有时还会因游泳池不够大、交通不便利、天气不好等酒店无法控制的周遭环境或不可更改的硬件设施提出投诉。面对该类投诉，认真倾听并对客人感同身受是较好的处理方法。如果有其他弥补措施或替代方案，也可以征求客人的意见。例如，客人抱怨连续下雨无法外出游玩，接待员可以为客人介绍酒店康体康乐设施或正在举办的驻唱活动、寻宝活动等。

三、投诉处理中常见的不当行为有哪些？

1. 在没有了解清楚事情前，就一味道歉或批评员工。如接到丢失物品的投诉，首先怀疑客房部员工，这不仅会让员工心寒，也不利于在客人面前树立良好的酒店形象。

2. 与客人争吵，不承认错误，只强调自己正确的方面，语言带有攻击性。这会让客人更加生气，认为酒店不愿意解决问题。

3. 教育、批评、讽刺、怀疑客人，或者直接拒绝为客人解决问题。

4. 为解决投诉问题设置障碍，为难客人，以期客人放弃投诉。

5. 问一些没有意义的问题，以期找到客人的错误，或把责任推卸给其他部门，避重就轻，假装关心，实则无视客人的关键需求。

6. 言行不一，同意处理问题，但是欺瞒或者没有与相关部门联系，延误问题解决，没有跟进问题解决的意识。

提示

有些客人会因自己心情不好而迁怒他人，接待员应尽量避免与其发生正面冲突，保护好自身安全。

想一想

酒店可能会设置哪些障碍去为难客人？

四、投诉处理的步骤有哪些?

投诉处理主要涉及识别投诉、处理投诉、后续跟进等。本教材使用LASTF 模型描述投诉处理的步骤。

讨论

接待员在倾听客人描述事件时需要记录哪些信息?

L Listen（倾听）：倾听客人的投诉内容和需求。认真倾听，让客人发泄情绪，识别投诉是否成立（点头、记笔记、重复客人的投诉内容和需求，确保理解无误）。

A Apologize（道歉）：道歉，并表示与客人感同身受，安慰客人。

S Solve（解决）：根据实际情况迅速提出可以令客人接受的方案并及时采取解决措施。即使不能立刻解决问题，也应告知客人答复需要的时间，并在处理过程中礼貌对待客人（如请客人在大堂稍作休息并为其提供茶水）。

T Thank（感谢）：衷心感谢客人把问题反馈给酒店，让酒店能尽快采取行动，做好预案工作，防止问题再次发生。

F Follow up（跟进）：对投诉事件进行跟进。酒店员工可以在退房时，再次向客人道歉，确保客人的问题已经得到妥善解决。把投诉事件记录在工作日志上，并检查酒店的工作流程和质量控制。

图 3-1-2　LASTF 投诉处理模型

五、投诉处理时应遵循哪些原则和方法?

在投诉处理时，处理者应快速判断投诉事件的类型，并确认该类投诉是否由酒店承担主要责任，以及事情的紧急程度。本教材根据责任归属和紧急程度把投诉事件分为四类。

想一想

如果四类投诉事件同时出现，处理的优先级是什么?

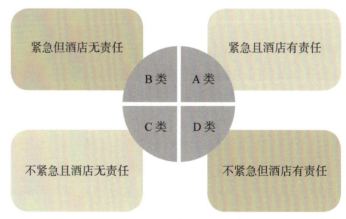

图 3-1-3　投诉事件的不同类型

提示

对于 A 类投诉，主动承担责任是安抚客人的最佳方法之一。

A 类投诉表示事件紧急且酒店有责任。例如，客人要求酒店提供叫醒服务，酒店没有按时叫醒客人，导致客人可能赶不上飞机。该类事件的处理要点是快速反应，解决客人的难题，并通过主动承担责任、及时跟进等平息客人的怒火。站在客人的角度思考问题，用同理心安慰客人，尽快为客人解决问题，事后由酒店管理者出面道歉，适当补偿客人是较好的处理方法。

B 类投诉表示事件紧急但酒店无责任。例如，客人退房，到机场后才发现护照遗忘在酒店保险箱内。该类事件的处理要点是快速帮助客人解决问题，急客人之所急。

C 类投诉表示事件不紧急且酒店无责任。例如，客人抱怨天天下雨使其无法外出游玩。该类事件的处理要点是安抚、疏导客人的情绪。认真倾听是处理该类情况的重要办法。在能力范围内满足客人一些不过分的要求，可能会对扭转客人的情绪发挥关键作用，如给客人一些在酒店玩乐的建议，请客人喝一杯茶。

D 类投诉表示事件不紧急但酒店有责任。例如，客房设施设备损坏，酒店未能及时维修。该类事件的处理要点是在客人可以接受的时间范围内，尽快帮助客人有效解决问题，并向客人致歉。如果酒店能迅速满足客人的需求，并适当提供补偿（如免费为客人提供一杯下午茶），该类投诉一般不会影响客人的入住体验。

活动一：投诉游泳池临时关闭

图 3-1-4 酒店的游泳池

一、接到客人投诉

1. 主动向客人问好。欢迎客人，主动进行自我介绍，询问客人是否需要帮助。注意保持目光接触，平视交流，使用自然、亲切、温和的方式，让客人感受到被欢迎。

2. 认真聆听客人的诉求并快速记录。接待员应认真聆听客人的诉求，通过目光接触、点头和简单的口头回应表示理解认同，鼓励客人告

提示

B 类投诉的情况最容易为酒店赢得忠实客户。

思考

当客人情绪非常激动时，接待员应如何正确聆听客人的诉求？

知更多信息。同时，快速记录客人提及的要点，如时间、地点、事件经过。需要注意，无论客人生气与否，打断客人都是非常不礼貌的行为。

3. 简短道歉并确认客人身份。为更好地处理投诉，应尽快确认客人身份。通常情况下，先询问客人的房间号，后与客人确认姓名。在确认客人身份后，接待员应使用客人喜欢的方式称呼客人。

4. 重复并确认。重复客人告知的信息，通过适当提问，了解更多必要的信息，并与客人确认接待员是否正确理解了客人的诉求。

示例：

接待员：下午好，先生，我是小陆，很高兴为您服务，请问有什么能为您效劳的吗？

客人：我预订前给酒店打过电话，再三确认游泳池是开放的，结果入住后发现游泳池未开放，我女儿很失望，该怎么办？

接待员：抱歉，先生，能否告知一下您的房间号？

图 3-1-5　客人投诉

客人：1105。

接待员：1105 房间，是王 ×× 先生，对吗？

客人：对。

接待员：谢谢您，王先生。您刚刚提到，预订前曾确认游泳池是开放的，但入住后却发现游泳池未开放，孩子因此非常伤心，对吗？

客人：对，我女儿非常喜欢游泳，所以我们才选择了你们酒店。

接待员：抱歉。王先生，请问您是什么时间打电话确认游泳池是否开放的？

客人：上周五。但我们刚刚带女儿去游泳池，通知上写着检修维护。

二、向客人道歉并提供解决方案

1. 道歉并安抚客人的情绪，表现出同理心。了解事件经过后，对客人所投诉的事件表示抱歉，站在客人的角度思考问题，理解并安慰客人。

2. 提供解决方案。如果接待员了解具体情况，可以用平静的口吻把事实告知客人并提供解决方案。如果接待员不了解具体情况，可以先提供

提示

先询问客人的房间号，而非姓名，是为了防止同名同姓的情况发生。

提示

复述客人的诉求可以帮助接待员确认是否正确理解了客人的诉求，是解决问题的关键点。该事件的核心是王先生的女儿很失望。

想一想

了解事件经过后，发现确实是酒店的责任，应怎样表述才得体？

解决方案，并告知客人，会立即向相关部门了解情况，尽快答复客人。

3. 提供补偿。除解决问题外，绝大多数投诉的客人都希望获得补偿，提供补偿是酒店处理投诉的关键。常见补偿包括赠送早餐、自助餐、下午茶，免费升级房型，部分店内消费免单等。

4. 礼貌道别。询问客人是否需要其他帮助，对客人的理解表示感谢，并再次向客人简短道歉。

示例：

接待员：王先生，非常抱歉给您和女儿带来了不好的体验。作为一名父亲，我完全理解您的心情。游泳池检修维护是昨天临时通知的，预计今天 17：00 恢复开放，非常抱歉未能及时向您说明情况，让您和女儿失望了。

客人：今晚就可以游泳，对吗？

接待员：如果一切顺利，游泳池今天 17：00 至 22：30 会重新开放。

客人：那就好。

接待员：感谢您的理解。王先生，为表歉意，我稍后请同事送一份海洋系列儿童礼包到您房间。这是酒店新推出的家庭套装中独有的惊喜礼包，希望您女儿能喜欢。

客人：好的，那我们回房间等。

接待员：再次感谢您的理解，我会立刻安排。请问还有什么能为您效劳的吗？

客人：没有了。

图 3-1-6 海洋系列儿童礼包

注意事项

酒店如果遇到临时检修维护或设施设备保养的情况，通常会在客房内放置客信。该事件中，如果游泳池短时间内无法恢复开放，且酒店周边有姐妹酒店，可以安排客人前往姐妹酒店游泳。向客人推荐酒店其他适合亲子活动的休闲项目或设施也是较好的处理办法。

提示

调查情况时需要各部门配合，时间难以控制，建议向客人提及答复时间时留有余地。

提示

游泳池日常维护保养通常会提前安排并在各预订渠道公示，临时检修维护通常是因为突发设施故障。

提示

姐妹酒店即同品牌旗下的其他酒店。

三、跟踪回访

1. 回电问候。问候客人，向客人说明来电原因。如对话所需时间较长，可以询问客人现在是否方便沟通。

2. 告知事实，表达关心、感谢和歉意。跟进上一次沟通中遗留的问题，并向客人表达关心、感谢和歉意。

3. 礼貌道别。感谢客人的理解和对酒店的信任，询问客人是否需要其他帮助，祝客人度过愉快的一天。

4. 记录归档。把事件经过记录在工作日志中，并根据情况检查酒店的工作流程和质量控制。

提示

回电时，应首先进行自我介绍，告知客人酒店名称、部门和姓名，避免被客人当作骚扰电话。

试一试

请在工作日志中记录王先生的投诉。

表 3-1-1　工作日志样表

投诉时间	年　月　日　时　分		受理人及职务		受理地点
投诉方式	□现场口头　□电话　□书信　□新闻媒体　□其他				
投诉人			联系地址和电话		
投诉事由描述					
处理经过					
处理结果					
投诉原因分析及纠正（预防）措施					
	计划完成日期		部门负责人		日期
纠正（预防）措施完成情况					
	计划完成日期		部门负责人		日期
绩效验证					
是否需要把纠正（预防）措施提升为新的管理制度或修改文件					
			部门负责人		日期

示例:

(当天 17:00,致电王先生)

接待员:王先生,您好,我是上海公园大酒店前台接待员小陆,抱歉冒昧致电。我们已与相关部门确认,游泳池现在已开放,希望您和女儿玩得愉快。

客人:好的,谢谢你。

接待员:不客气,您女儿喜欢礼包吗?

客人:她很喜欢。

接待员:那太好了,非常抱歉此次给您带来不便,也非常感谢您的理解。我就不多打扰您了,祝您度过愉快的夜晚。

注意事项

回电能体现酒店对客人的关心和重视。酒店通常在两种情况下会通过电话与客人再次沟通:一是投诉时客人需要处理其他紧急事件(如赶飞机、就医);二是投诉问题已经得到解决,但酒店希望跟进了解客人对解决方案是否满意。

活动二:投诉吹风机无法使用

图 3-1-7　客人投诉吹风机无法使用

一、适当问候(电话沟通)

1. 使用正确的电话问候语。酒店各部门在接听电话时有固定的话术,通常为问候＋酒店名称＋部门名称＋接待员姓名＋主动提供帮助。例如,上午好,感谢致电×××酒店前台,我是接待员×××,很高兴为您服务,请问有什么能为您效劳的吗?

2. 认真倾听客人的诉求并快速记录。一般情况下,客人在刚刚打来电话投诉时,情绪都较为激动。此时,接待员应认真倾听客人的诉

讨论

如果客人接通电话就开始抱怨,不给接待员自我介绍的机会,应如何应对?

求，快速记录客人提供的信息，注意不要打断客人。

3. 简短道歉。在认真倾听客人的诉求后，接待员需要先向客人进行简短道歉。此时的道歉并非承认酒店在某事上犯错或失误，而是仅仅为未能在客人入住期间为其提供满意的服务而感到抱歉。通过电话与客人沟通时，由于缺少肢体语言和面部表情，接待员更应注意语气和用词，语气应平和、真诚，用词应谨慎、准确。

4. 确认客人身份。在简短道歉后，接待员应尽快确认客人身份，以便更好地处理投诉。如果客人仅告知房间号或姓氏，接待员应在系统中查询后与客人确认信息。在确认客人身份后，接待员应至少三次以正确的方式称呼客人。

提示

如果是外国客人，称呼时切忌说错姓和名。大部分欧洲客人是名在前、姓在后。匈牙利客人则是姓在前、名在后。

图 3-1-8　接待员在处理电话投诉

示例：

接待员：下午好，这里是上海公园大酒店前台，我是小刘，很高兴为您服务，请问有什么能为您效劳的吗？

客人：我半个小时前就让酒店给我送一个吹风机，为什么到现在都没有送来？

接待员：对不起，女士，很抱歉让您久等，能烦请您告知一下房间号吗？

客人：1008。

接待员：谢谢您。您是赵××女士，对吗？

客人：对，我要赶着出门，急用吹风机。

二、向客人道歉并提供解决方案

1. 了解情况。如果客人未告知投诉原因，接待员应主动提问，如"我能知道发生了什么吗"。在客人说明原因时，接待员应认真聆听。如果客人提供的信息不充分，接待员可以进一步提问以了解情况，但不应再次提问客人在投诉时已提及的内容。

2. 重复并确认。重复客人告知的信息，并与客人确认接待员是否正确理解了客人的诉求。

3. 道歉。如果事件是酒店的责任，接待员应真诚地向客人道歉，

提示

如果确实没有来得及记录客人投诉时提及的内容，可以使用"您刚刚提到……""……是这样吗"等与客人确认。

承认酒店的错误。建议使用"对不起""……是我们的不对"等正式的词句。如果事件不是酒店的责任，接待员应对此事件发生在客人身上表达歉意。

4. 表现出同理心。肯定客人的情绪，并加以安抚。例如，"我完全能理解您的心情""如果我遇到这种情况，也会非常生气""我知道您一定非常着急"。

5. 提供解决方案。解决方案应能满足客人的主要诉求，达到让客人不再生气的目的。当客人有多处不满时，接待员应认真分析客人不满的主要原因，并解决相关问题。当面投诉时，如果解决方案需要向领导请示，可以请客人到大堂稍作休息，并为其提供茶水饮料。请客人入座可以在一定程度上平息客人的怒火。

6. 立即采取行动。在解决方案得到客人同意后，接待员应立即采取行动，尽快为客人解决问题。如果解决方案涉及其他部门，接待员应积极与其他部门沟通。

示例：

接待员：赵女士，非常抱歉未能及时把吹风机送至您的房间。我完全能理解您的心情。请问您几点出门？我马上联系客房部为您加急处理。

客人：18：00。

接待员：好的，立刻为您安排。

客人：谢谢。

三、部门间沟通

1. 主动进行自我介绍。在与其他部门沟通时，接待员应先告知同事自己的身份。可以用"部门 + 姓名"的形式介绍自己。

2. 告知来电原因。由于此时客人的怒火可能并未完全平息，为避免让客人久等，接待员应完整、准确、迅速地转述事件和客人的诉求。

提示

同理心并不是迎合或者同情，而是分析客人可能有的感受，并把这些感受反馈给客人。切忌口头上表示理解，实际上没有真情实感。

想一想

如果客人拒绝离开前台，并在公共场所大吵大闹，应怎么办？

示例：

（接待员联系客房部）

客房部：下午好，这里是上海公园大酒店客房部，我是小张，很高兴为您服务，请问有什么能为您效劳的吗？

接待员：小张好，我是前台小刘，1008 房间赵女士的吹风机坏了，她刚刚打电话投诉，称半个小时前就已告知我们该情况，但新的吹风机一直没有送到。客房部是有什么特殊情况吗？赵女士着急出门，非常生气。

客房部：稍等，我马上和 10 楼的客房部员工确认。

（客房部员工内部沟通）

客房部：久等了，小刘，已经为赵女士加急处理，10 楼的客房部员工立刻给她送去。酒店今天的入住率特别高，房间打扫非常频繁，所以抽调了一位送物品的员工帮忙打扫房间，抱歉，让客人久等了。

接待员：已了解情况，辛苦了。

注意事项

当需要其他部门协调配合时，接待员应明确部门之间是平行关系，而非上下级关系。电话沟通时，接待员应着重把客人的诉求转达给其他部门的同事。指责其他部门或抱怨其他部门不作为无益于事件的解决。

四、及时跟进

1. 转述进度。在与其他部门沟通后，接待员应及时把进度反馈给客人。对事件进度有掌控感能帮助客人平复心情。

2. 提供补偿方案。在解决方案落实后再提供补偿方案可以进一步安抚客人的情绪。需要注意，在提供补偿方案时，不能只考虑客人的满意度，还要考虑酒店的利益。

3. 记录归档。在系统中记录该事件和解决方案，并记录在工作日志中，交接给下一个班次。

4. 跟进。在客人的问题得到解决后，可以再次通过电话或当面沟通，向客人表达酒店的关心。

示例：

接待员：赵女士，客房部的员工马上会为您送来吹风机，实在抱歉，让您久等了。

讨论

如果十分钟后，吹风机仍未送到客人房间，应如何处理？

想一想

如果客人在退房时投诉，可以给予其哪些补偿？

客人：知道了。这么简单的事，你们酒店都处理不好。

接待员：真的非常抱歉，赵女士。为了表达歉意，稍后我们会送一张酒店水疗中心的头皮按摩券到您房间，希望能弥补此次不足。

客人：我一会儿就出门了，放在桌上就行。

接待员：感谢您的理解，希望今天的小插曲不会影响您的心情。

活动三：投诉噪音

图 3-1-9　客人因噪音投诉

一、认真倾听客人的诉求并提供解决方案

1. 认真倾听客人的诉求。投诉初期，客人通常会比较愤怒。在此阶段，接待员应保持镇定，认真倾听并记录客人的投诉内容和诉求，并通过简单重复确保正确理解了客人的诉求。接待员还应进一步询问客人噪音的方位。

2. 道歉。无论噪音是否由酒店造成，接待员都应清楚地认识到，酒店有责任为客人提供一个安静的环境。针对这一情况，酒店应向客人道歉。

3. 提供解决方案。对于噪音类投诉，请本身无任何责任的投诉客人重新收拾行李并更换到其他房间很容易引起客人的不满情绪。接待员通常会告知客人，酒店会立刻与发出噪音的客人协商，并派员工在楼层巡视，一旦噪音再次出现，酒店会采取必要的措施。

4. 提供补偿。如果客人提及明天的行程安排需要早起，噪音已经影响其正常休息，酒店可以主动提供车辆接送服务并免费为客人打包早餐作为补偿。

二、核实情况并落实解决方案

1. 通知相关部门核实情况。与客人沟通后，接待员应立即联系安保部，请在楼层巡视的同事确认噪音的来源。请同事去确认，一是为了明确噪音的来源（具体房间号），二是为了防止隔壁客人只是正常起居，酒店隔音效果不好导致客人投诉的情况。如果直接联系隔壁客人，可

想一想

如果隔壁客人是一家四口入住，两个8岁的孩子正在打闹，非常吵闹，应怎么办？如果隔壁房间是婴儿在哭闹，应怎么办？

讨论

如果隔壁客人答应注意音量后继续发出噪音，应如何处理？

提示

如果为客人升级房型，接待员应在系统中备注升级原因并保持价格与原房型一致，以免结账时账单错误导致客人再次投诉。

能造成隔壁客人的不满。

2. 落实解决方案。应根据核实的情况选择相应的策略来落实解决方案。

（1）礼貌劝阻发出噪音的客人。如果噪音确实来自隔壁房间，接待员应在系统中查询隔壁客人的姓氏，打电话给隔壁客人。可以使用以下话术："×先生/女士，晚上好，我是酒店前台×××。刚刚安保部的同事在楼层巡视的过程中注意到您的房间内有较大声响，由于时间已较晚，很可能会影响其他客人休息，所以冒昧来电。如果您和朋友在聚会的话，推荐您前往酒店的××酒吧，今晚有啤酒畅饮活动，需要我帮您留个位置吗？"注意在与发出噪音的客人沟通时，不要提及其他客人的投诉，只说酒店安保部在楼层巡视中发现即可。另外，在劝阻客人降低声音时，应为客人提供备选方案，而非强硬地让客人停止活动。

图3-1-10　酒店的酒吧

（2）再次与投诉客人沟通。如果是酒店隔音问题导致投诉客人无法入睡，接待员应与投诉客人继续沟通，为造成不便表达歉意。处理时，可以为投诉客人升级房型，在入住率允许的情况下，提供一间周围无人入住的房间，请投诉客人先休息，并保证当晚不会在其隔壁安排其他客人入住。如果客人需要在晚上临时换到其他房间，酒店可以主动提供行李打包、运送服务。

三、及时跟进

1. 记录归档。在系统中记录该事件和解决方案，并记录在工作日志中，交接给下一个班次。

2. 跟进。在客人的问题得到解决后，可以再次通过电话或当面沟通，向客人表达酒店的关心。

3. 退房时再次向客人道歉。退房时，应再次向客人道歉，并向客人保证下一次入住时，会为其提前安排安静的房间。

注意事项

对于时间较晚且责任不明确的噪音类紧急投诉，接待员应根据具体情况和客人的诉求灵活应对。需要注意，此类投诉的处理方式不能引起其他客人对酒店的不满。

 总结评价

依据世界技能大赛酒店接待项目对于投诉内容的相关评分细则，评分方式分为"客观"和"主观"两部分。"客观"部分主要评判待客过程中有无步骤和语言上的遗漏，如无特殊说明，只有"全部得分"和"不得分"两种情况。"主观"部分则根据选手的表现进行权重打分。请将分值除以 3 后乘以该项的权重，计算该项的最终成绩。

表 3-1-2　客观评分表

序号	评价项目	评价标准	分值	得分
1	礼貌问候	礼貌问候客人，主动进行自我介绍，并积极为客人提供帮助	1	
		询问客人的房间号、姓名，并通过系统查询核对	0.5	
		至少三次使用正确的头衔称呼客人	1.5	
2	道歉并表现出同理心	认真倾听客人的诉求，回应客人，进一步提问以确定情况并记录重要信息	1.5	
		重复并确认客人提供的信息，确保正确理解了事件和客人的诉求	1	
		向客人正式道歉	1	
		表现出同理心	1	
		提供解决方案和补偿，并立即采取行动	2	
3	询问客人的入住体验	询问客人的入住体验，及时为客人提供帮助	1	

（续表）

序号	评价项目	评价标准	分值	得分
4	及时跟进	在系统中记录该事件和解决方案	1	
		跟进并向客人表达酒店的关心	0.5	
		询问客人是否需要其他服务	1	
	总分		13	

表 3-1-3　主观评分表

序号	评价项目	评价标准	分值	权重	得分
1	妥当处理	处理不当，无法与客人顺利沟通	0	5	
		认真倾听客人的诉求，提出相关问题，但在表达关心、道歉时语言匮乏	1		
		认真倾听客人的诉求，提出相关问题，能较好地表现出同理心，沟通时语言丰富，表达流畅	2		
		认真倾听客人的诉求，提出相关问题，能较好地表现出同理心并运用表达技巧，有效安抚客人	3		
2	解决方案	未提出解决方案或解决方案不够合理	0	5	
		解决方案可行但未平衡酒店的利益	1		
		解决方案可行且较好地平衡了酒店的利益	2		
		解决方案可行且超出预期，能较好地平衡酒店的利益	3		
3	自信心	没有信心，压力大，不专心	0	4	
		几乎没有信心	1		
		自信，冷静	2		
		自信，冷静，细心待客	3		
	总分				

 **拓展学习**

一、如果有客人投诉接待员服务态度不佳，酒店应如何处理？

如果是接待员服务态度不佳引起的投诉，责任必定在酒店。酒店管理者需要出面向客人道歉。但在与客人沟通的过程中，切忌指责、谩骂员工，或把责任推卸到员工身上。酒店管理者应始终牢记，对于客人而言，酒店是一个整体，接待员的行为体现着酒店整体服务质量。因此，除了安抚客人情绪，提供补偿方案，更重要的是对相关员工进行教育和培训，引导其以同理心对待客人，避免发生类似事件。

想一想

酒店管理者应如何与服务态度不佳的员工沟通？

二、如果有客人通过投诉来发泄情绪或试图通过投诉来获取利益，酒店应如何处理？

1. 有些客人本身较为敏感，对酒店期望过高。酒店一旦在某方面与其期望不符，客人便会感到失望。对于该类客人，酒店需要耐心解释并加以引导，必要时可以为客人准备惊喜。

2. 不同客人的需求和价值观不同，衡量标准也不同。对酒店规章制度的不同理解有时会让客人对酒店产生某种误解。对于该类客人，酒店要把规章制度写在纸质文件或邮件中，并反复强调。遇到分歧时，可以由经理出面解释，并视情况免去部分费用以提升客人的满意度。

提示

此处提及的纸质文件主要指入住登记单，主要用于争议处理。

3. 少数客人投诉经验丰富，熟悉相关法律规定，利用酒店的不足和存在的问题，试图通过投诉使酒店给予其较大的折扣或答应其苛刻的要求。该类客人的诉求是希望得到折扣或好处，处理者应谨慎使用自身的权利，把客人的类似行为完整记录在客史档案中，由酒店管理者决定是否拒绝接受其预订。对于该类为了投诉而投诉的客人，酒店之间会互通信息。一旦客人在某一酒店发生该类行为，后续入住其他酒店时，其他酒店也会更加谨慎。

讨论

面对反复投诉的客人，酒店可以采取哪些行动来避免利益受损？

4. 有些客人因心情不佳在酒店内发泄情绪，寻衅滋事，进而投诉酒店。对于该类客人，富有同理心地倾听是较好的解决方案。如果情节严重，酒店可以寻求安保部和警察的帮助。

 思考与练习

一、思考题

1. 活动二讨论了酒店未及时送吹风机到客房引发的投诉。如果赵女士出门后未能准时参加活动，回到酒店后再次投诉。酒店应如何处理该情况？

2. 活动三讨论了隔壁客人发出噪音引发的投诉。如果噪音源是酒店花园驻唱活动，酒店应如何处理该情况？

二、技能训练题

某天 15：00，李女士的左脚被酒店游泳池中一块撬开的下水道盖板绊了一下，随后右脚滑了一下，摔了一跤，被医院诊断为骨折。请按照酒店投诉处理流程写下李女士与接待员的对话，并请同学扮演李女士，由你扮演接待员为其处理投诉。

任务2 突发事件处理

学习目标

1. 能熟练掌握突发事件的概念、分类等相关知识。
2. 能列举酒店在预防火灾和台风所造成的次生灾害方面的措施。
3. 能掌握酒店处理各类典型突发事件的程序和方法。
4. 能根据实际情况灵活处理客人受伤、酒店停电等突发事件。
5. 能在日常工作中以客人生命财产安全为重，自觉履行酒店消防安全、卫生防疫安全规定。

情景任务

某天，上海公园大酒店前厅部经理刚上班就翻阅了前一天的工作日志，只见上面写着：(1) 703 房间的孙女士打电话向前台求助，她的女儿在使用热水壶时一不小心烫伤了手；(2) 1505 房间的蒋女士在酒店自助餐厅吃完晚饭后腹泻，打电话至前台说餐厅的海鲜不新鲜；(3) 20：12 酒店突然停电，经事后了解，此次停电由不可抗因素导致的双电路问题引起。如果你是前厅部经理，会如何处理这些突发事件？

思路与方法

对突发事件的处理水平体现了酒店的整体管理水平。及时、恰当地处理突发事件，能够促进酒店健康和稳定发展。本任务用经典案例切入，对酒店突发事件进行了分类，并提出了相应的应急措施。

一、酒店突发事件的概念是什么？

酒店突发事件是指在酒店负责的区域内突然发生的，可能对客人、员工、其他相关人员的人身和财产安全造成危害，需要酒店采取应急处理措施予以应对的自然灾害、酒店建筑物和设备设施毁坏、公共卫生和伤亡事故、公关危机等事件。

讨论

遇到突发事件，除了联系安保部，还应联系哪些部门？

二、酒店突发事件应如何分类？

按照社会危害程度、影响范围等，酒店突发事件可以分为自然灾害事件、事故灾难事件、犯罪和恐怖袭击事件、公共卫生事件。

表 3-2-1　酒店突发事件的分类

类型	具体表现
自然灾害事件	地震、洪水、台风等
事故灾难事件	火灾（人为火灾、事故火灾）、煤气泄漏、停电、停气、停水、电梯故障、通信故障等
犯罪和恐怖袭击事件	打架斗殴、盗窃、抢劫、炸弹恐吓等
公共卫生事件	疾病传染、客人食物中毒等

想一想

接待员接到炸弹恐吓电话时，应如何处理？

三、典型突发事件的应急措施有哪些？

1. 台风灾害事件的应急措施

台风一般发生在我国江南沿海地区，夏季是台风的多发季节。酒店一旦收到台风警报，应立即要求各部门工作人员坚守岗位，未经允许或接替不可离岗，以确保酒店安全、平稳运营。

查一查

工程部不同分工的员工在上岗前应具备哪些资质？

（1）工程部要对天棚、墙外装饰、招牌等进行检查，必要时给予加固；做好电力设备的保障工作，防止台风引起线路故障或电击伤人事故；确保下水道畅通，避免台风引起水淹；检查酒店的应急供电设备能否正常运作，并对外开门和窗户等进行加固。

（2）安保部要留意和指导车辆停放，以免车辆被吹落物砸坏，同时加强警戒，防止不法分子趁机作案。

台风到达后，酒店应适当疏散存在潜在危险的客人或员工，减少台风带来的次生灾害。

想一想

还有哪些极端天气？酒店分别需要做哪些准备工作？

2. 电梯故障事件的应急措施

酒店电梯内的求救警铃、电风扇必须保持工作状态。如果运行中的电梯出现故障，酒店工作人员应立即用内线电话安慰被困者并联系工程部处理，必要时联系电梯公司处理。由维护、保养等原因造成停梯，则应在基站挂牌告示。

图 3-2-1　酒店电梯内的求救警铃

紧急维修时，如果轿厢停于两个楼层之间，一位工作人员可以用手动轮旋转电动机，使轿厢到达最近一层的楼面，另一位工作人员则协助其打开电磁制动器。可以按以下步骤进行。

（1）切断总电源开关并紧急维修。

一位工作人员把摇手柄装在电动机轴的方头上，并稳握住手柄缓慢摇动。有些电梯的电动机轴上装有飞轮，则可以不用摇手柄，直接用手转动飞轮来移动轿厢。另一位工作人员使用专业工具放松制动器。两人同时工作，摇转手柄时放松制动器，不摇转手柄时加上制动器，把轿厢缓慢移至最近的楼层，使轿厢处在便于手动开门的位置。在手动开门时，务必确保曳引电动机处于制动状态。轿厢移动到位后，应把摇手柄拆下。

（2）及时安慰被困者。

如果电梯内设有闭路电视，酒店工作人员可以利用设备观察电梯内的情况，借助对讲机安慰被困者，请其耐心等候电梯维修人员检修，切勿自行开启电梯门逃生，以免发生危险。

（3）登记被困者的信息。

被困者被救出后，酒店工作人员应询问其是否有任何不适或需要帮助的地方，并把被困者的姓名、联系电话、地址等信息记录下来。酒店工作人员必须记录被困者被救出的时间，如果有伤者，还应记录其被送往医院的时间及相关医院的名称。

3. 打架斗殴事件的应急措施

（1）如果酒店内发生打架斗殴事件，酒店工作人员应立即制止并劝阻相关人员，劝散围观人群。

图 3-2-2　打架斗殴事件

> **提示**
>
> 接到客人被困电梯的求助后，还可以询问其电梯编号，以便快速确定客人的位置。电梯编号通常出现在电梯按钮的上方。

> **提示**
>
> 如果发生客人被困在电梯内的情况，酒店应及时跟进情况并向客人做出一定的补偿。

提示

大部分酒店的前台都配有脚踩式紧急报警器，以便接待员在发生意外情况时迅速通知安保部。

（2）如果打架斗殴者不听劝阻，事态继续恶化，场面难以控制，则应迅速报告给警方，联系酒店相关部门。安保部员工应迅速到场戒备，防止打架斗殴者损坏酒店物品。

（3）如果酒店物品有损坏，则应截留打架斗殴者，要求其赔偿。酒店工作人员应保存好录像资料、拍好照片，以便后续索赔。如果有伤者，则应在急救后交给警方处理。现场应保持原状，以便警方勘查。

（4）如果打架斗殴者开车逃离现场，应记下其车牌号码、车型、颜色，并记清楚人数，协助警方勘查现场，收缴相关斗殴器械。

4. 抢劫事件的应急措施

（1）如果劫匪持有枪械等武器，在场员工应保持冷静，避免与其发生正面冲突，注意观察其面部特征、着装特征、发型、口音等，在适当的时机报警求助。

提示

当该类事件发生时，在场员工应尽量配合劫匪，先确保客人和自己的人身安全。

（2）如果劫匪未持有枪械等武器且酒店有足够的人手可以制服劫匪，则可以等待适当的时机将其擒获交给警方。

（3）如果监控中心工作人员发现酒店内发生抢劫事件，应立即告知部门经理和其他部门相关领导，并按指示报警求助。如果劫匪乘车逃离现场，应记下其车牌号码、车型、颜色等，并记清楚人数，也可以乘出租车或其他交通工具跟踪劫匪（在跟踪的过程中要注意隐蔽），并用通信工具向警方报告方位和地点，以便警方组织力量设卡拦截。

（4）在劫匪离开后，酒店应迅速划出警戒范围，保护好现场，把劫匪遗留的凶器、作案工具等交给警方处理。

想一想

为什么不准拍摄照片？

（5）酒店要及时了解事件细节，把相关情况告诉警方。在警方未勘查现场或未处理完毕前，相关人员不准离开。在场员工不可向外界或无关人员透露任何消息，不准拍摄照片。如果有伤者，要立即送往医院救治，并报告给警方。

图 3-2-3　抢劫事件

活动一：处理客人受伤的突发情况

图 3-2-4　客人受伤

一、接听电话，安抚客人的情绪

1. 问候。正确使用电话问候语。对于酒店内部电话，接待员应告知客人自己所在的部门和姓名。

2. 认真倾听并快速记录相关信息。意外受伤的客人通常会在电话沟通之初便快速描述发生的突发情况。此时，接待员应认真倾听并快速记录客人提及的信息。

3. 安抚客人的情绪。如果客人的情绪波动较大，接待员应适当提高音量，引导客人通过深呼吸稳定情绪。在电话沟通时，接待员应保持镇定，口齿清晰，并明确告知客人，有情绪是可以被理解的，并通过电话协助其进行紧急处理，但这需要客人的配合。

二、确认客人的身份，了解具体情况并采取措施

1. 确认客人的身份。在客人情绪趋于稳定，可以正常沟通后，应先确认客人的身份，明确客人的位置。在发生意外时，为避免客人因着急而记错房间号，接待员可以直接询问客人的姓名，并通过系统查询客人的房间号。

2. 了解具体情况。重复已知信息，并通过适当提问，了解客人的年龄、性别、受伤情况和受伤原因。

3. 寻求专业救助人员的帮助。如果情况紧急，应立即请同事拨打120，寻求专业救助人员的帮助，并通知安保部和大堂经理前往现场。如果伤情较轻，则可以先征求客人的意见，再由酒店工作人员陪同其前往医院。

4. 急救。在专业救助人员抵达前，接待员应与客人保持通话，并指导客人进行自救。

想一想

如果客人不是本国公民，还需要询问哪些信息？

图 3-2-5　专业救助人员在引导受伤的客人

示例：

接待员：下午好，感谢您致电上海公园大酒店，我是前台小张，请问有什么能为您效劳的吗？

客人：我女儿被烫伤了，快帮我叫医生！

接待员：好的，女士，能告诉我您的姓名和房间号吗？

客人：我叫孙 ××，住在 703 房间。我女儿情况紧急，麻烦你们快一点。

接待员：孙女士，我完全理解您的感受，我的同事已经在联系医院了，最近的医院离我们只有 10 分钟的车程。请您先冷静，深呼吸。在急救医生（或酒店驻场医生）和当班经理到达房间前，我会通过电话协助您进行紧急处理。

客人：好的。

三、协助客人进行紧急处理（以烫伤为例）

1. 识别情况。识别客人的烫伤情况，分析可能有效的处理方法。

2. 紧急处理。接待员可以根据实际情况采用不同的处理方法：（1）皮肤变红并伴有疼痛，说明情况不严重，可以先使用流动的冷水冲洗烫伤处 10 至 20 分钟，再根据客人的意愿，决定是否前往医院，注意冲洗时一定要使用流动的冷水；（2）皮肤表面有水泡并伴有疼痛，说明情况较为严重，应先使用流动的冷水冲洗烫伤处 20 分钟，如果情况没有好转，应用冷水浸湿干净的纱布，用纱布覆盖伤口后前往医院；（3）结疤且无疼痛，说明情况非常严重，应尽快送客人去医院，烫伤处不可覆盖任何东西，也不要使用任何药物。如果出现衣物和皮肤粘连的情况，可以剪去烫伤处周围多余的衣物。千万不要强行撕脱烫伤处的衣物，以防皮肤被连带着一起撕落，造成更严重的后果。

3. 询问情况。在紧急处理后，酒店工作人员应主动关心客人的情况。在专业救助人员或同事抵达客人身边前，应尽量与客人保持联系。

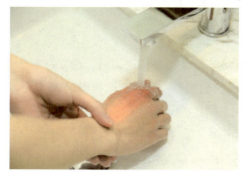

图 3-2-6　客人手部被烫伤的紧急处理方法之一

示例：

接待员：孙女士，您女儿哪里被烫伤了？伤口有覆盖物吗？

客人：她的手被烫伤了，脚上也溅到了热水。

接待员：您能描述一下烫伤处的情况吗？是否有水泡或结疤？房间里除了您和女儿，是否有其他家人？

客人：有水泡。爸爸也在房间。

接待员：好的，请您和家人立即带女儿前往卫生间，打开淋浴头，调至冷水后，使用流动的冷水冲洗您女儿受伤的部位。请您不要挂断房间的电话，到达卫生间后，拿起马桶旁的电话即可继续接听，我会一直在线，直到我的同事抵达。

客人：好的。我们在卫生间冲洗了。

接待员：好的，孙女士。请问您女儿多大了？

客人：5 岁。

接待员：好的，您可以顺便检查一下，除了手脚是否还有其他地方被烫伤。脱衣服时一定要小心，如果出现衣物和皮肤粘连的情况，千万不要强行撕脱。我的同事马上就会抵达，他们可以使用临时钥匙直接进入房间吗？

客人：可以。

接待员：好的，谢谢您。您女儿现在好些了吗？

客人：好些了，她的手上还有几个水泡，但哭得没有那么厉害了。

四、协助求医，礼貌道别

1. 得到客人的允许后进入房间协助紧急处理。如果客人一人入住或因照顾伤者离不开身，酒店工作人员可以使用临时钥匙打开客人的房门，但首先需要得到客人的允许。

2. 提醒客人携带就医物品。专业救助人员抵达后，可以提醒客人带上现金、身份证、医保卡等物品，由酒店礼宾部员工陪同客人前往医院。

提示

酒店不可以为客人提供内服药物，但可以为其提供绑带、创可贴等急救用品。

提示

酒店常在床头、办公桌旁、卫生间内安装电话，以便客人随时联系酒店工作人员。

想一想

为什么要询问孩子的年龄？如果受伤的是成年人，还需要询问年龄吗？

讨论

专业救助人员应从酒店前门还是后门进入？

提示

非本国公民在非紧急的情况下，可以根据其意愿，前往指定医院就医。

3. 礼貌道别。询问客人是否需要其他帮助，祝愿客人的情况能够尽快好转，并礼貌道别。

示例：

接待员：专业救助人员已经抵达酒店，我的同事会和他们一起来到您的房间，希望您女儿的情况不严重。礼宾部的同事会陪同您一起前往医院，请您带上身份证和孩子的东西，如果带了医保卡，可以一并拿上。

客人：好的，谢谢。我看到他们过来了。

接待员：好的，孙女士，还有什么需要帮助的吗？

客人：没有了，谢谢你。

接待员：不客气，孙女士，如果您有任何需要，请随时联系我们。

五、跟进处理

1. 填写受伤报告。填写受伤报告，包括发生地点、时间、受伤人员情况、证人等详细资料。把受伤报告的复印件上交总经理、副总经理、财务部经理，并根据发生地点判断是否上交给客房部经理、工程部经理、餐饮部经理、安保部经理。

讨论

如果客人离店后说是在酒店受的伤，酒店应如何处理？

2. 联络。立即向管理当局汇报相关事件，及时与陪护人员联系，掌握客人的伤情，确保管理当局了解最新情况。

3. 为伤者提供帮助。与酒店有关部门合作，为伤者提供一切酒店能够给予的帮助，如客用品和食品。

4. 记录。在客史档案中详细记录事件发生和处理的过程，并保存好受伤报告。

示例：

前台经理：孙女士，我们已经为您申请了客房延退服务，您先好好休息，晚些时间再办理退房手续。希望您女儿能早日康复。

客人：好的。

想一想

为进一步了解情况，还可以询问客人哪些信息？

活动二：处理客人食物中毒的突发情况

一、认真倾听客人的诉求，掌握信息

接待员要认真倾听客人的诉求，并通过提问掌握更多的信息，具体包括：（1）客人的房间号和姓名；（2）客人什么时候用的餐；（3）客人吃了哪些东西；（4）客人现在有哪些症状；（5）客人对哪些东西过敏；（6）除了在酒店用餐外，客人当天是否吃过其他东西。

查一查

食物中毒后有哪些症状？

二、表示关心和同情

接待员要向客人表示关心和同情。当客人描述完毕，接待员应立即表示关心和同情，设身处地对事情进行分析，对客人的感受表示理解，并运用适当的语言和行为安慰客人。

三、快速采取行动

接待员要对事件快速展开调查并采取行动。如果客人确实是食物中毒，应采取以下措施：（1）保持现场的原有状态，防止客人擅自毁掉食品；（2）收集食品容器、半成品或原料，采集病人排泄物或呕吐物样品，及时送卫生管理部门，以备检验；（3）把客人的反馈报告转交给当班经理和厨房，由当班经理委派员工陪同客人前往医院并垫付医药费；（4）情况紧急时，为客人叫救护车。

图 3-2-7　为客人叫救护车

想一想

专业救助人员抵达后，为什么酒店工作人员应陪同其前往房间？

> **注意事项**
>
> 食物中毒是非常严重且严肃的突发事件，必须引起重视，并由专业机构的工作人员以及实验室检验来确定是否为食品安全问题。酒店接待员并非专业人士，在调查清楚前，不要轻易判断是酒店食物不新鲜造成的结果。

四、跟进处理

1. 把事件处理情况尽快告知客人，听取客人的意见。在客人回到酒店后，实事求是地向其说明调查结果，如果有相关部门出示的报告，也可以作为材料给客人看。帮助客人回忆是否吃过其他东西，有可能是食性相克导致的不适。该活动中，经过调查发现，客人蒋女士在当地游玩时，吃了夜市上售卖的生腌螃蟹，这是她第一次吃生腌食物，由于肠胃不太适应，导致了腹泻和呕吐。

2. 向客人表示感谢并适当补偿。事件处理完毕后，应就客人对该事件的反馈向她表示感谢，欢迎客人对酒店提出意见和建议。根据酒店是否对该事件负有主要责任，对客人进行一定的补偿，为客

试一试

请礼貌地把相关部门的调查结果转告给客人。

想一想

还有哪些情况可能导致腹痛、腹泻、呕吐等症状？

人提供力所能及的帮助。在该事件中，虽然酒店没有过错，但出于对客人的关怀，酒店仍会承担医药费。如果客人提到其一整天的行程都需要重新安排，酒店可以在这方面给予帮助以作补偿，如安排车辆接送。

3. 记录存档。把突发事件的整个过程写成报告，并记录存档，便于以后完善工作以及预先控制。

> **注意事项**
>
> 根据政府部门的食品安全要求，酒店有一套完整的体系保证食品安全，并聘有专门的食品安全经理检查监督。对于宴会和自助餐等容易出现大规模食物中毒类恶性事件的情况，酒店向来高度重视，往往每道菜品都会留样，以供调查。因此，一般而言，如果有个别客人反映吃了酒店的东西造成不适，大概率都不是酒店食品有问题。

活动三：处理其他突发情况

图 3-2-8 客人被困在电梯内

提示

突然停电、突然停水、游泳池临时不向客人开放、客人被困在电梯内等都属于其他突发情况。本活动以突然停电为例介绍相关处理方法。

一、及时通知客人，并向客人致歉

酒店要及时通知客人，并向客人致歉。如前厅部经理在了解停电原因后，应立刻通知酒店各部门的员工，统一对客解释口径。前厅部经理可以通过电话联系客人告知相关情况，向其表达歉意，取得客人谅解。客房部经理可以安排楼层服务员暂停手头工作，在走廊巡视并做好客人安抚等工作。

示例:

客房部经理:您好,先生/女士,由于区域电路故障问题,酒店供电系统出现异常,我们深表歉意。请您不要惊慌,在您房间的床头柜内有手电筒可供使用。酒店的备用发电设备已经启动,15分钟内可以恢复供电。酒店管理团队会针对该突发事件进行排查和改进。感谢您的理解和支持。

二、通知工程部做好检查和维修工作

1. 查看是否有客人被困在电梯内。如果电梯内有人员被困,应立即按酒店《电梯故障应急处理流程》对其进行解救。

2. 了解停电原因并立即采取措施。如果是外网停电,应立即与供电部门取得联系,确认停电性质和时间,同时切断配电柜各支路开关,防止突然来电造成设备及人身伤害;如果是酒店内部配电故障造成停电,应查明故障位置、原因,断开故障设备的电源,恢复非故障设备的电源,降低影响范围;当事故超出酒店维修的能力时,应积极与相关部门联系,取得支持。

三、维持秩序

维持秩序时,酒店要做好以下工作:(1)打开消防通道门,做好上下通道的提示指引;(2)检查应急灯,保证走廊通道内具有一定的光亮度,酒店客房与危险场所禁止使用明火作为应急照明;(3)增加安保力量以维持秩序,视情况告示客人。

示例:

(统一回答要乘坐电梯的客人)

客房部工作人员:对不起,先生/女士,因为停电,电梯暂时无法使用,如您需要,我可以引领您走楼梯,您看可以吗?

四、做好配套工作

1. 关闭部分电脑以节约使用备用电源。前厅部开启一台电脑,并在备用电源用完前打印好系统中的酒店房态表、在店客人报表、当日预抵报表等,关闭其他电脑以延长备用电源使用时间。

2. 制作部分房间的备用钥匙。制作部分房间的备用钥匙,并分类放好。

3. 手动办理入住、退房手续。办理入住手续时,应把客人的入住资料、房价、会员卡号、身份证号等统一写在押金收据上。退房时可以根据原始账单结账。如果客人在停电期间需要开具发票,可以先记录客人的发票抬头、开具要求、联系方式和地址,为客人先行办理退房手续,在电力恢复后为其开具发票。

讨论

乘坐电梯时,举止文明很关键。酒店工作人员与客人同梯时有哪些注意事项?

想一想

为什么要打印酒店房态表、在店客人报表、当日预抵报表等?

想一想

邮寄发票的费用应由谁来承担?

五、跟进处理

1. 进行安全检查后恢复相关设备的供电。先进行安全检查，要逐个区域恢复相关设备的供电，避免因电压不稳而跳闸；重新启动热水水泵、前厅服务器监控、话务台等设备；留意电梯是否运行正常。

2. 整理相关资料并在系统中填写或修改。前厅部整理手动办理的入住、退房资料并在系统中填写或修改。

3. 记录存档。填写酒店事故报告，并记录存档。

4. 再次向客人致歉并适当补偿。再次向客人致歉，并视情况赠送客人礼品作为补偿。

示例：

前厅部经理：您好，先生／女士，经市政部门及酒店的大力抢修，电路现已恢复正常，感谢您在此过程中的理解与支持。如果给您造成任何不便，我们深表歉意。我们会为您送上一份水果，祝您入住愉快。

查一查

酒店事故类别有哪些？

表 3-2-2　酒店事故报告示例

年　　月　　日　　　　　　　　　　　　　　　编号：

事故名称		事故类别		事故级别		发生班次	
发生时间		发生地点			责任部门		
责任者姓名		年龄		性别		岗位（工种）	
事故概况							
事故损失							
事故分析							
事故定性							
整改措施							

（续表）

整改跟踪		
		跟踪时间： 跟踪人：

 **总结评价**

依据世界技能大赛酒店接待项目对于突发事件处理内容的相关评分细则，评分方式分为"客观"和"主观"两部分。"客观"部分主要评判待客过程中有无步骤和语言上的遗漏，如无特殊说明，只有"全部得分"和"不得分"两种情况。"主观"部分则根据选手的表现进行权重打分。请将分值除以 3 后乘以该项的权重，计算该项的最终成绩。

表 3-2-3 客观评分表

序号	评价项目	评价标准	分值	得分
1	礼貌问候	正确使用电话问候语	1	
		询问客人的房间号、姓名，并通过系统查询核对	0.5	
		至少三次使用正确的头衔称呼客人	1.5	
2	认真倾听客人的诉求并安抚客人的情绪	认真倾听客人的诉求，不打断客人说话	0.5	
		能快速、准确地记录客人已经提供的信息，并通过适当提问，了解更多信息	2	
		重复并总结正在发生的事情，向客人表明自己正确理解了客人的突发情况	2	
		安抚客人的情绪，表现出同理心，必要时向客人道歉	1	
3	解决问题	提供解决方案	1.5	
		立即采取行动（联系相关部门）	0.5	
4	及时跟进	在系统中记录该事件和解决方案	1	
		跟进并向客人表达酒店的关心	0.5	
		询问客人是否需要其他服务	1	
		总分	13	

表 3-2-4　主观评分表

序号	评价项目	评价标准	分值	权重	得分
1	安抚客人的情绪	未能认真倾听客人的诉求，无视客人的情绪波动	0	5	
		认真倾听客人的诉求，能通过适当提问，了解更多信息，但未对客人的情绪波动做出反应	1		
		认真倾听客人的诉求，能通过适当提问，了解更多信息，并在接待过程中表现出同理心	2		
		认真倾听客人的诉求，能通过适当提问，了解更多信息，并以令客人放心的方式表现出同理心，安抚客人的情绪	3		
2	解决方案	未提出解决方案或解决方案不够合理	0	5	
		解决方案可行但未平衡酒店的利益	1		
		解决方案可行且较好地平衡了酒店的利益	2		
		解决方案可行且超出预期，能较好地平衡酒店的利益	3		
3	信心	没有信心，压力大，不专心	0	4	
		几乎没有信心	1		
		自信，冷静	2		
		自信，冷静，细心待客	3		
总分					

拓展学习

一、客人气管异物梗阻的紧急处理办法

1. 注意识别并发现客人的异样。客人的气管发生异物梗阻时，往往无法说话或发声，且无法呼吸，情况危险且紧急。此时，客人可能会把双手放于颈部，做出 V 字手型。

2. 鼓励客人自主咳出异物。如果客人还在咳嗽，则暂时不要进行任何协助，应陪伴客人并鼓励其自主咳出异物。

3. 视情况采用海姆立克急救法。如果客人停止咳嗽且无法呼吸，应立即使用海姆立克急救法，并迅速寻求专业救助人员的帮助。具体做法：（1）扶起客人，让客人保持站立姿势；（2）救助人员站在客人身后，一条腿置于客人两腿之间，双臂环抱客人腹部；（3）右手握空心拳

试一试

请模拟练习海姆立克急救法。

置于客人肚脐眼以上两指宽处，左手掌包裹右手，向内、向里用冲击力帮助客人咳出异物；（4）持续此动作直到客人咳出异物。如果客人因窒息昏迷，应立即进行心肺复苏。

二、心肺复苏的操作流程和技巧

1. 环境评估。救人的前提是自身安全，应确保周边环境安全，并做好自我防护。

2. 判断客人的意识及反应。双手轻拍客人的双肩，拍四下，同时高声喊"先生／女士，你怎么了，你醒醒"。

3. 检查客人的呼吸。稍微拉开客人的衣服，听、看、感觉客人有无呼吸。

4. 呼救并获取自动体外除颤仪。常用话术包括"我是救护员，这位女士，请帮我拨打120，打好后告诉我""这位先生，请帮我寻找自动体外除颤仪并尽快带过来""现场有懂得急救的，请跟我一起"。

5. 进行胸外心脏按压。把客人上半身的衣服全部拉开，让客人躺在地板上，用手掌跟垂直下压，以每分钟100至120次的速度向下按压5至6厘米，让胸腔充分回弹。

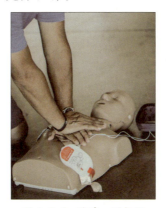

图 3-2-9　胸外心脏按压

6. 开放客人的气道。两指贴脸颊，用大拇指掰开客人的下嘴唇，确保其口腔中无异物（如果客人口腔中有异物，则让客人侧头，帮助其把异物清理出来）。

7. 进行人工呼吸。用仰头举额的方法，成人90°、儿童60°、婴儿30°，隔着纱布、人工呼吸面膜等进行人工呼吸。

8. 循环按压与吹气。30次胸外心脏按压+2次人工呼吸为一组，做完5组，再次检查客人的呼吸。两指摸到客人的喉结，同侧下滑2厘米，同时注意观察客人的胸部起伏。

9. 尽快使用自动体外除颤仪。了解自动体外除颤仪的操作方法和

查一查

如果是孕妇、婴儿发生异物梗阻，应如何施救？

提示

胸外心脏按压可能会伤及客人的肋骨，严禁为有呼吸、心跳的客人做心肺复苏。

提示

向具体某一位围观群众求助比向群体求助更有效。

注意事项，确保遇到突发情况时能第一时间正确使用自动体外除颤仪，从而提高急救效率。

10. 复原体位。除颤完成，抢救成功，复原体位（侧卧），然后帮助客人穿好衣服。

查一查

如何快速定位距离最近的自动体外除颤仪？

图 3-2-10　自动体外除颤仪

三、火灾的预防

预防火灾是酒店工作的重要组成部分。日常工作中，酒店会根据实际运作情况制定详细的消防安全规章制度，把企业法定代表人作为第一安全防火责任人，并建立层层安全防火责任制，每年签订一次"安全责任承包书"。此外，酒店还会每月召开一次安全管理委员会会议，汇报消防安全工作的开展情况，总结当月消防安全工作的成绩和问题，安排下一步的工作。

提示

如果酒店需要进行消防演练，应提前在客房内放置客信并在入住时提醒客人，以防引起客人恐慌。

查一查

如何使用灭火器？

进行安全检查，确保各类设施长期处于正常待用状态：安全检查可以分为经常性安全检查和定期性安全检查。其中，经常性安全检查是指要求安保员、消防员在日常值班、巡逻过程中，及时发现酒店内的安全隐患，并予以消除，达到安全的目的。定期性安全检查包括每月一次的安全大检查和消防硬件设施大检查、重大节日前的安全大检查、每季度一次的消防自动报警设备大检查等。检查内容包括消防栓、灭火器、防火门、闭门器、消防通道、应急灯、安全出口指示牌等，对检查中过期和需要维修的项目应及时进行更换或报修，确保各类设施长期处于正常待用状态。

图 3-2-11　消防设施

 思考与练习

一、思考题

1. 某天，酒店大堂突然传来一声巨响。员工迅速赶到现场后，发现一位男性客人仰卧在大堂中央，头部血流不止。酒店应如何处理该情况？

2. 张先生和李女士在酒店预订了婚宴，但婚宴前一天，酒店所在地供电局发布了第二天的停电通知。酒店应如何处理该情况？

二、技能训练题

刘先生和刘太太在"10.1黄金周"时入住了上海公园大酒店的1119房间。在入住的第三天上午，他们购买了一些土特产放在房间，然后就去当地有名的菜馆品尝美食。当两人回到酒店，准备收拾行李退房时，却发现房间内很混乱，有人在他们出去吃饭时进入房间并洗劫了房间内的贵重物品。请按照酒店突发事件处理流程写下刘先生与接待员的对话，并请同学扮演刘先生，由你扮演接待员，为其处理这起突发事件。

任务3　旅游推荐

学习目标

1. 能了解旅游景点的分类。
2. 能理解在互联网高度发达的当下，掌握旅游推荐技能的必要性。
3. 能根据客人的需求为其提供个性化的旅游推荐服务。
4. 能为客人规划旅游行程，提供订票和预约相关服务，向客人声明取消条件。
5. 能在旅游推荐过程中，树立良好的服务意识，积极主动地为客人提供优质的服务。

情景任务

试一试

请尝试为李女士一家规划在当地游玩一天的行程。

　　某天，李女士来到上海公园大酒店前台，希望酒店为他们一家三口规划一天的旅游线路。这是他们第一次来上海，希望能让5岁的孩子玩得开心。请你作为接待员，为李女士介绍当地热门旅游景点并规划行程。

思路与方法

　　旅游推荐是指酒店工作人员通过讲故事等方法，向客人推广国家、地区旅游产品的过程。接待员需要与客人充分沟通，在完全理解客人的诉求后，结合自身的旅游产品知识，把合适的旅游产品推荐给客人。

一、为什么要掌握旅游推荐技能？

　　1. 不同的客人有不同的诉求与偏好，接待员只有充分了解其目标城市的旅游信息，才能为其提供个性化的服务。

　　2. 旅游推荐涉及票务安排、订车等一系列有附加值的服务，可以为酒店带来更多的收益。

讨论

可以通过哪些渠道快速获取其他城市的旅游信息？

　　3. 客人不仅会在本地游览，有可能还会去其他城市或国家，接待员应根据客人的诉求统筹规划时间、出行交通、费用等。

二、旅游推荐的具体工作流程有哪些？

旅游推荐的具体工作流程见图3-3-1。

问候客人，确认客人的信息

了解客人的诉求，做好记录工作

询问客人的具体要求与偏好

有针对性地为客人推荐两种及以上的方案

为客人介绍行程安排

送别客人，预祝客人旅途愉快

图3-3-1　旅游推荐的具体工作流程

三、旅游推荐包括哪些类型？

旅游推荐包括文、旅、商三类。

1. 以文为主题的旅游线路应包含当地有文化气息的景点，如文学家和艺术家的故居、老街、老式公园，让客人充分领略当地的文化。

2. 以旅为主题的旅游线路应尽可能多地包含最能体现当地特色的景点和小吃，让客人充分了解当地的历史和文化特色。

3. 以商为主题的旅游线路应融入更多的现代元素，可以适当增加消费性的项目。

四、为客人介绍规划好的旅游线路时有哪些注意事项？

完成旅游线路规划后，应耐心为客人介绍行程安排，并根据客人的意见随时调整线路。在介绍时，可以按照时间顺序，并借助地图，以便客人直观了解整体线路。如果行程中安排了导游或预订了门票、餐厅，则应明确告知客人出发时间以及门票、餐厅等的取消条件。此外，还可以友情提示客人旅行中需要携带的物品或证件。

活动

一、问候客人，确认客人的信息，了解客人的诉求

1. 打招呼。问候客人，主动进行自我介绍，并询问客人是否需要

提示

为什么要询问客人的旅行情况？

试一试

请制作一张适合年轻人游玩的旅行线路的海报。

想一想

推荐旅游线路时为什么要借助地图？

帮助。注意保持目光接触和平视交流，使用自然、亲切、温和的方式，让客人感受到被欢迎。

2. 确认客人的身份。询问客人的姓名和房间号，通过系统核对信息，确认客人的身份。注意此后应以姓氏称呼客人。

3. 询问基本信息。认真倾听客人的诉求，通过适当提问，了解并记录此次旅游的人数、时间、兴趣点。

4. 了解客人的诉求。总结重复已知信息，通过适当提问，了解并记录客人对当地的熟悉程度以及特殊需求。

示例：

接待员：李女士，下午好，请问有什么能为您效劳的吗？

客人：下午好。你能推荐一些值得旅游的地方吗？我们后天计划去×××游乐园，但明天还没有安排。

接待员：当然可以。您明天希望几点出发、几点结束行程？

客人：我们一整天都有时间，希望10：00左右出发，16：00左右结束行程。我们想去市中心逛一逛。

接待员：我明白了。你们是一家人一起去吗？我记得您有一个5岁的孩子。

客人：对，我们希望孩子能玩得开心。

接待员：完全理解，李女士，这是酒店的旅游手册，在上面能找到附近所有的热门景点。我们的酒店位于陆家嘴，离大部分热门景点都比较近，从酒店出发还是非常便利的。请问您和家人是第一次来上海吗？

客人：对，这是我们第一次来。

二、为客人推荐合适的方案

1. 介绍景点。根据客人的诉求，用1至2句话介绍景点的大致情况，可以通过景点的类型（自然景观、标志性建筑）等帮助客人快速掌握景点信息。如景点区域范围较大，还可以重点介绍1至2个值得去的项目。

2. 告知客人景点相关信息。告知客人景点门票价格、地理位置、开放时间等信息，有助于客人根据实际情况规划行程，也有助于客人在旅行当天随时调整旅游线路。

3. 主动为客人预订门票和交通服务。在客人决定前往某个景点后，应主动为客人预订门票和交通服务。需要注意，在预订前，应再次与客人核对日期、时间、人数。

示例：

接待员：我推荐您早上去×××电视塔。它是上海的标志性建筑

提示

对于当天入住的客人，接待员应尝试记住其姓名，并能在再次服务时叫出其姓氏，这会让客人有被重视的感觉。

提示

标志性建筑的基本特征是接待员可以用简单的描述来唤起客人对它的记忆。

想一想

在帮助客人预订交通服务时，应询问客人哪些问题？

之一。在太空舱观光层，您可以欣赏黄浦江两岸的风光，全透明悬空观光廊也深受游客的喜爱。

客人：听起来很不错。

接待员：是的，门票原价是×××元，凭酒店房卡还可以享受20%的优惠，6岁以下的儿童免门票。您还可以在×××电视塔的旋转餐厅享用午餐。需要我为您预订门票和餐厅吗？

客人：我先和丈夫商量一下吧。

接待员：好的，如果有需要，欢迎您随时联系我。这是酒店周边的旅游地图，这里是酒店，这里就是×××电视塔（一边描述，一边在地图上圈出酒店和景点），步行需要15分钟，开车需要5分钟。考虑到停车不便，建议您乘坐出租车或预订酒店车辆接送服务。

客人：我了解了。那下午呢？

接待员：下午，我推荐您去×××庙逛一逛。×××庙是上海重要的旅游景点，建筑古色古香，还汇集了很多特色美食，能让您一饱口福。老上海的手工玩具等一定不会让您和孩子失望。

客人：听起来很不错。

提示

规划行程时，应考虑景点与景点之间的距离。

接待员：×××庙不需要门票，但其中的×××园需要买票进入，票价是40元/人。从酒店开车前往×××庙需要20分钟左右，需要我为您预订酒店车辆接送服务吗？

客人：不用了，谢谢。我们会乘坐出租车过去。

接待员：我已经在地图上标记了推荐的景点，地图上也有酒店的地址和电话号码，您可以出示给出租车司机。

客人：非常感谢。

> **注意事项**
>
> 　　为外地客人推荐景点时，接待员应在旅游地图上标记线路，并注明景点相关信息，包括但不限于门票价格、开放时间等。接待员应在折叠地图后双手将其交给客人。

三、告知客人行程安排并要求客人签署杂项凭证

1. 告知客人行程安排。告知客人行程已安排妥当，并提醒客人开始时间和集合地点，告知客人导游和司机的相关信息。接待员应始终礼貌地满足客人的要求。

2. 要求客人签署杂项凭证并告知费用明细和付款方式。如果客人

想一想

杂项凭证应在什么情况下使用？

预订了酒店的服务，接待员应确保提供正确、详细的信息，并要求客人签署旅游费用的杂项凭证，该凭证将计入客房费用。接待员应确保客人了解费用明细和付款方式。

四、送别客人并询问客人对旅行的反馈

1. 送别客人。送别时预祝客人旅行愉快，并询问客人是否需要其他帮助。

2. 询问客人对旅行的反馈。记录客人的反馈信息，了解酒店的不足之处，以便改进服务。

依据世界技能大赛酒店接待项目对于旅游推荐内容的相关评分细则，评分方式分为"客观"和"主观"两部分。"客观"部分主要评判对客过程中有无步骤和语言上的遗漏，如无特殊说明，只有"全部得分"和"不得分"两种情况。"主观"部分则根据选手的表现进行权重打分。请将分值除以 3 后乘以该项的权重，计算该项的最终成绩。

表 3-3-1　客观评分表

序号	评价项目	评价标准	分值	得分
1	礼貌问候	礼貌问候客人，主动进行自我介绍，并积极为客人提供帮助	1	
		询问客人的房间号、姓名，并通过系统查询核对	0.5	
		至少三次使用正确的头衔称呼客人	1.5	
2	了解客人的需求	询问客人是否第一次来当地	0.5	
		询问客人旅游的人数	1	
		询问客人旅游的时间	1	
		询问客人感兴趣的景点	1	
3	在地图上标记相关信息	使用地图，在地图上标记线路	1	
		在地图上注明门票价格、开放时间等信息并在折叠地图后双手将其交给客人	1.5	

序号	评价项目	评价标准	分值	得分
4	预订交通服务	提供两种类型的交通工具供客人选择，告知客人预计到达的时间	3	
5	询问客人的入住体验	主动询问客人的入住体验	1	
6	增值销售	主动向客人推荐酒店一项及以上的设施与服务	1	
7	提供帮助	主动询问客人是否需要其他帮助	1	
		总分	15	

表 3-3-2　主观评分表

序号	评价项目	评价标准	分值	权重	得分
1	旅游建议	没有建议或提出的建议不符合客人的需求	0	5	
		针对客人的需求提出一条相关建议	1		
		针对客人的需求提出两条及以上的相关建议	2		
		针对客人的需求提出两条及以上的相关建议，至少提供一个目的地的详细信息	3		
2	增值销售	未进行增值销售	0	5	
		仅额外告知客人酒店的一项设施与服务，但未尝试销售	1		
		有针对性地增值销售酒店的一项设施与服务	2		
		有针对性地增值销售酒店两项及以上的设施与服务	3		
3	信心	没有信心，压力大，不专心	0	4	
		几乎没有信心	1		
		自信，冷静	2		
		自信，冷静，细心待客	3		
		总分			

拓展学习

接待员还可以为客人推荐哪些旅游资源?

1. 奇特的自然景观

很多自然类景区具有雄、美、秀、险、奇、特等特点。该类景观大多有天然优势,很难后天打造。接待员可以从不同的角度展示该类景观的特色,如航拍视频、图片。

2. 特色构筑物

构筑物一般是指不具备、不包含或不提供人类居住功能的人工建造物,多用于欣赏、标识、引导,如水塔、烟囱、栈桥、堤坝、蓄水池、雕塑。构筑物可以分为功能性构筑物和观赏性构筑物,也有两种构筑物兼备的。接待员可以为客人推荐当地的特色构筑物。

3. 户外主题场景

有强烈视觉冲击力的户外主题场景往往能够吸引旅游者。常见的户外主题场景包括 3D 立体画、光影秀、墙壁画、大地艺术、特色园艺等。接待员可以根据客人的需求,为其推荐当地独特的户外主题场景。

4. 游乐设备

游乐设备分为无动力游乐设备和动力游乐设备。无动力游乐设备安全系数高、使用周期长、维护成本低、娱乐性强、互动性好、体验感独特,近年来常出现在主题乐园、景区中,如大型钻网、大型爬网、蹦床、不锈钢滑梯、沙池乐园。动力游乐设备则是主题乐园不可或缺的内容。目前,在高科技的支持下,使用动力游乐设备的游乐项目从形式到体验都有所升级。接待员可以视情况为客人推荐。

5. 特色商业

特色美食、特色演艺、特色活动、特色文创、特色体验等二销产品是景区重要的收入来源。文创集市、虚拟体验馆、亲子体验园、微型剧院、密室逃脱等特色商业往往能够吸引旅游者。接待员可以视情况为客人推荐。

思考与练习

一、思考题

1. 活动中讨论了家庭娱乐客人的旅游推荐方法,如果是青年人结伴出行，应为其推荐哪些景点？如果同行客人感兴趣的景点不一致，应如何推荐？

2. 如何把酒店打造成"网红打卡点"？

二、技能训练题

某天，王先生和王太太来上海公园大酒店前台咨询门票代买服务。王先生对体育项目感兴趣，王太太对音乐感兴趣。请你扮演接待员，为王先生和王太太推荐旅游线路并安排交通方式。

任务4　设施与服务问询处理

 学习目标

1. 能了解为客人预订酒店会议室、餐厅等设施与服务的程序。
2. 能熟练掌握酒店会议室相关设施设备的知识，并为客人推荐合适的酒店会议室。
3. 能熟练掌握乳糖不耐受、素食主义、无麸质等餐饮知识，熟记不同文化背景客人的餐饮习惯，并为客人推荐合适的酒店餐厅或社会餐厅。
4. 能掌握一定的营销技巧，并尝试进行增值销售。
5. 能自觉尊重不同文化背景客人的饮食习惯，增强自主学习意识，提升专业素质和专业技能。

 情景任务

某天，店外客人朱先生来上海公园大酒店前台咨询并预订了酒店会议室，1106房间的刘先生希望前台为其结婚纪念日推荐合适的餐厅。请你作为接待员，为朱先生和刘先生介绍酒店设施并回复相关服务的问询。

 思路与方法

接待员作为面客服务的第一线，是客人咨询酒店内部和周边设施与服务的主要对象。常见设施与服务问询包括会议室、餐厅等。接待员应掌握相关知识，并能根据客人类型和需求为其推荐合适的设施与服务。

一、常见的酒店设施与服务问询有哪些？

讨论

还有哪些常见的酒店设施与服务问询？

根据酒店的类型、目标客人等，酒店提供的设施与服务有较大差别。通常情况下，星级酒店都配有会议室、餐厅、康体康乐设施。

1. 会议室。客人对于酒店会议室的问询通常分为两种，一是住店客人对会议室的问询，二是店外客人对会议室的问询。客人预订小型会议室，可以由前台工作人员协助，直接预订。客人预订大型会议室，则应在询问其使用日期、时间、参会人数、会场布置、餐饮及住宿需求等信息后联系销售部跟进。

2. 餐厅。酒店餐厅数量根据酒店的规模、星级等有所不同。通常情况下，酒店星级越高、房间数量越多，餐厅数量越多。对餐厅的问询是较为常见的酒店设施与服务问询。

3. 康体康乐设施。星级酒店常见的康体康乐设施包括游泳池、健身房等，住店客人通常可以免费使用。部分星级酒店还有水疗中心、美容美发中心、瑜伽课程、高尔夫俱乐部、人造沙滩、马场等设施与服务。

查一查

当地有哪些知名的会展酒店？

图 3-4-1　酒店的餐厅

图 3-4-2　酒店的健身房

二、有哪些常见的会议室布置方法？

常见的会议室布置方法见表 3-4-1。

表 3-4-1　常见的会议室布置方法

剧院式	
	在会议室内面向讲台摆放一排排座椅，中间留有较宽的过道。在保留过道的情况下，最大限度地摆放座椅，充分利用空间
教室式	
	端正摆放桌子或呈 V 字摆放桌子，按教室形式布置会议室，参会者可以在桌上放置资料并在会议时记录笔记。每个座位的空间可以根据会议室面积和参会人数调整，但不应过于拥挤
U 字式	
	把桌子连接着摆放成长方形，在长方形的前方开口，放置一个摆放投影仪的桌子，把椅子摆放在长方形桌子外围。在长方形桌子内侧中间放置绿色植物作为装饰，以营造轻松的氛围

试一试

请画出常见的会议室布置方法的示意图。

讨论

不同类型的会议室布置方法分别适合哪种会议场景？

（续表）

鱼骨式	
	把会议室的桌子按照八字形依次摆开，在桌子的周围摆放座椅，组与组之间留出过道，使整体呈现出鱼骨的形状。该布置方法多用于讨论会，既便于小组讨论，又能让主持者在活动中扮演主要角色
圆桌式	
	把会议室的桌子按照圆桌的形式摆放，把椅子摆放在圆桌外围。该布置方法适用于小型会议，如氛围较为轻松的学术交流会、讨论会
董事会式	
	把会议室的桌子按照董事会的形式摆放，把椅子摆放在桌子外围。董事会型座位主次明显，参会者可以近距离交流，适用于小型正式会议
回形式	
	把会议室的桌子摆放成方形中空，前后不留缺口，把椅子摆放在桌子外围。通常，桌子都会铺上桌布，中间放置较矮的绿色植物作为装饰，投影仪会用一个专门的小桌子放置在最前端。前方设置主持人的主持台，分别在各个位置摆放上麦克风，以方便不同位置的参会者发言。该布置方法适用于学术研讨会

提示

酒店可供临时预订、使用的小型会议室大多布置成董事会型。

查一查

此处仅整理了常见的会议室布置方法，请查一查会议室的座位布置方法。

三、酒店有哪些常见的用餐情景？分别适合推荐什么样的餐厅？

　　接待员应根据用餐情景向不同类型的客人推荐餐厅，见表3-4-2。

提示

如果高档餐厅有着装要求，接待员应在推荐时告知客人。

表3-4-2　客人类型、用餐情景、餐厅推荐对应表

客人类型	用餐情景	餐厅推荐
商务差旅	商务宴请	一般安排在高档餐厅，对环境的私密性、服务质量、菜品质量都有较高要求，建议为客人推荐酒店中的高档餐厅
	工作便餐	用餐时间较短，且多为同事或生意伙伴一起用餐，更适合为客人推荐消费合理的分餐制餐厅。如果客人的用餐时间充足，可以为其推荐酒店的自助餐厅
家庭出游	儿童用餐	推荐餐厅时应充分考虑儿童的身体情况及其活泼好动的特点。可以为其推荐儿童套餐或建议其前往酒店特色餐厅用餐

（续表）

客人类型	用餐情景	餐厅推荐
家庭出游	年长者用餐	推荐餐厅时应充分考虑年长者的身体情况，如牙口不好或有基础疾病。推荐的餐厅应有适合年长者的菜品
	庆祝生日、情人节等用餐	该类客人通常愿意支付较高的费用以获得良好的体验，可以为其推荐较为正式的高档餐厅
探亲访友	家庭聚会	用餐人数较多，可以为其推荐有包厢的酒店中餐厅。在菜品上，可以为其推荐常见的食材
	朋友聚会	用餐人数较少时，可以为其推荐酒店特色餐厅；用餐人数较多时，可以为其推荐酒店自助餐厅

图 3-4-3　酒店中餐厅的包厢

四、常见的餐饮偏好和禁忌有哪些？为不同客人推荐餐厅时有哪些注意事项？

不同文化背景的客人在饮食习惯上有所不同。接待员应具备一定的多元文化背景知识，了解常见的餐饮偏好和禁忌，并在与客人沟通的过程中，充分尊重客人的饮食习惯，推荐符合其预期和需求的餐厅。

1. 素食主义者

素食主义者泛指只吃素菜而不吃荤菜的人。素食主义者可以细分为纯素食主义者、奶蛋素食主义者、奶素类素食主义者、蛋素类素食主义者等。纯素食主义者对食物要求最为严格，不吃荤菜，还拒绝食用任何动物产出的衍生物，如蛋、蜂蜜、奶制品。奶蛋素食主义者是较为常见的素食主义者，他们会食用部分源于动物的食品，如蛋、奶制品。奶素类素食主义者食用奶类及其相关产品，如奶酪、奶油、酸奶。蛋素类素食主义者食用蛋类及其相关产品。在为该类客人推荐餐厅时，可以推荐设有素食菜单的餐厅或只提供素食的特色餐厅。餐厅应为其提供无荤腥的菜品，如蘑菇汤、蔬菜沙拉等。

想一想

有哪些常见的餐饮偏好？

想一想

有哪些菜品适合推荐给素食主义者？

105

图 3-4-4　素食餐品示例

2. 半素食主义者

基于健康、道德或信仰，半素食主义者不食用某些肉类，如牛、羊、猪等动物的肉。在为该类客人推荐餐厅时，如果酒店餐厅可以满足客人需求，则应尝试从酒店餐厅的现有菜单中为其推荐符合要求的餐品。如果酒店餐厅无法满足客人需求，或客人希望前往社会餐厅用餐，则应为客人推荐酒店周边符合要求的餐厅，并协助其安排交通。

图 3-4-5　酒店的自助餐牌

3. 无麸质饮食者

无麸质饮食者食用完全不含麸质的食品。由于麸质过敏，无麸质饮食者要严格戒断含有麦麸的食物，如意大利面、啤酒、燕麦、吐司、三明治，食用马铃薯、玉米、蔬菜、肉类、豆类、坚果等。在为该类客人推荐餐厅时，应建议其前往提供无麸质食品的酒店餐厅或社会餐厅用餐。

图 3-4-6　无麸质食品标识

4. 乳糖不耐受者

由于乳糖酶分泌少，乳糖不耐受者不能完全消化母乳或牛乳中的乳糖，食用相关食品后易出现腹泻、腹胀、腹痛等症状。该类客人通常会提前告知酒店自身的情况。在为该类客人服务时，应提前与餐饮部相关员工沟通，确保为其提供不含乳糖等成分的食品。

图 3-4-7　不含乳食品标识

5. 易过敏者

有些客人对花生、鸡蛋、海鲜等过敏。在为该类客人服务时，应提前与餐饮部相关员工沟通，不仅要避免为其提供相关食品，还应避免为其提供相关食品的衍生品。例如，客人如果对花生过敏，往往对花生酱等也过敏。

图 3-4-8　不含花生食品标识

想一想

还有哪些常见的食物过敏源？

五、酒店水疗馆提供哪些服务？

水疗又称 SPA。SPA 一词源于拉丁文 Solus Par Agula，其中，Solus 意为"健康"，Par 意为"经由"，Agula 意为"水"，意指用水来达到健康的目的。现在，水疗通常指通过各种专业服务来促使客人放松身心。

酒店水疗可以帮助客人缓解压力，解除疲劳，改善睡眠。不同酒店的水疗模式有所不同，但大多集健身、放松、休闲、娱乐等于一体。酒店水疗馆的服务项目包括饮食营养、保健养生、有氧运动、身体护理、面部护理、美甲、美发、美睫、化妆等。部分酒店的康体康乐中心会提供美甲、美发等服务。

查一查

有哪些酒店以水疗、康养为特色？这些酒店提供哪些康体康乐服务？

图 3-4-9　酒店的美甲、美发服务

活动一：会议室预订

一、礼貌问候并了解客人的需求

1. 礼貌问候并确认客人的身份。如果是店外客人，接待员应准确记录客人的姓名和联系方式。

2. 询问相关信息。认真倾听客人的需求，通过适当提问，了解参会人数、会议召开日期、会议时长、会议桌椅摆放风格、是否需要装饰品、是否需要音频或视频设备、是否有其他要求。

3. 增值销售。为客人推荐酒店的其他服务，如餐饮，进行增值销售。

注意事项

推荐会议室时，应充分考虑参会人数等信息。一般情况下，应先扣除第一排座位到主席台后的显示设备的空间，再按照 $2.0\ m^2/$ 人（也可以放宽至 $2.5\ m^2/$ 人）的空间来计算会议需要的空间。

二、为客人预订会议室

1. 总结预订信息并简单介绍酒店的会议室。向客人总结重复已知的预订信息，确认信息无误，并向客人简单介绍 1 至 2 种符合其要求的会议室。

2. 联系销售部同事锁定会议室。在与客人确认相关信息后，应立即联系销售部同事，确认客人要求的时间段是否有合适的会议室。大型会议室的预订，通常由销售部负责跟进。

想一想

为什么需要询问客人对会议室的装饰要求？

提示

不建议接待员亲自带领客人参观酒店的会议室。如果接待员确实需要离开岗位，应先与同事交接工作内容。

示例：

接待员：朱先生，我来跟您确认一下，您想预订一间会议室，会议时间是 9 月 15 日 9：00 至 17：00，参会人数是 35 人，偏好 U 形桌椅摆放风格。会议室不需要装饰品，需要多媒体设备和投影仪。另外，需要帮您预订咖啡和茶，以及中午 35 份简餐。

客人：没错。

接待员：好的，我们酒店的 ××× 厅和 YYY 厅都很符合您的需求。××× 厅位于酒店一楼，U 形桌椅摆放，可以容纳 45 人。YYY 厅位于酒店二楼，环境更私密、安静，U 形桌椅摆放，可以容纳 40 人。请稍等，我立即和相关部门确认该时间段两间会议室是否可用。

注意事项

可以从空间位置、设施设备、专业服务团队、周边环境等方面介绍酒店的会议室。

（与销售部同事电话沟通）

销售部员工：下午好，欢迎致电上海公园大酒店销售部，我是小丁，请问有什么能为您效劳的吗？

接待员：你好，我是前台小李。店外客人朱先生希望预订 9 月 15 日 9：00 至 17：00 的会议室，35 人参会，偏好 U 形桌椅摆放风格。请问酒店 ××× 厅或 YYY 厅在该时间段可以预约吗？

销售部员工：可以。朱先生在你身边吗？

接待员：是的。朱先生还需要多媒体设备和投影仪，并预订了咖啡和茶，以及中午 35 份简餐。

销售部员工：我了解了。麻烦朱先生稍等，我马上过来。

接待员：好的。

注意事项

酒店前台接待员无法查看酒店大型会议室的预订情况，在与客人初步沟通时，不能承诺客人可以使用会议室。对于小型会议室（通常是酒店行政酒廊会议室），接待员能够直接查看预订情况，可以在询问会议日期和时长后直接告知客人是否可以使用会议室。

三、礼貌道别

1. 转告客人电话沟通的内容。向客人转达与销售部同事电话沟通的内容，询问客人是否有时间与销售部同事详细沟通会议细节，并参观会议室。

2. 请客人稍坐并为其提供免费茶水。为了向客人提供更周到的服务，同时避免打扰其他客人办理相关手续，接待员可以邀请客人在酒店大堂稍坐，并主动为其提供免费茶水。

3. 适当寒暄。在前台相对空闲的情况下，接待员可以在等待销售部同事到来的过程中与客人寒暄。对于住店客人，接待员可以主动询问客人的入住体验。对于店外客人，接待员可以询问客人公司的位置、选择本酒店的原因等。

4. 介绍销售部同事并礼貌道别。销售部同事到来后，接待员应主动向客人介绍，并在询问客人是否有其他需要后礼貌道别。

示例：

接待员：朱先生，我刚刚联系了销售部同事，9月15日还有合适的会议室可供预订。销售部同事很快会带上相关资料来前台，和您详细沟通会议细节并带您参观会议室，您时间上方便吗？

客人：方便。

接待员：好的，这边请，我们去大堂稍坐。您想喝点什么？咖啡、茶，还是果汁？

客人：有矿泉水吗？

接待员：有的，请您稍等。（为客人拿水）您公司离酒店远吗？

客人：不远，我公司就在酒店对面。

接待员：哦，那很近啊。参会的都是您公司的员工吗？

客人：对，都是我公司的员工。

接待员：那挺方便的，也不用安排住宿了。

客人：是的，你们酒店的口碑很好，我们公司刚刚搬过来，想先来看看情况，后续外聘的工程师如果出差，也可以安排过来。

接待员：那真是太好了。后续贵公司也可以考虑我们酒店的公司协议价。（销售部同事到达前台）朱先生，这位是酒店销售部的丁经理，专门负责安排公司会议，非常专业。丁经理，这位就是朱先生。

销售部丁经理：朱先生，您好，我是小丁，这是我的名片。

客人：你好。

接待员：朱先生，请问还有什么能为您效劳的吗？

客人：没有了，谢谢。

提示

根据世赛要求，接待员每次与住店客人接触时，在满足客人需求后，都应询问其入住体验。

提示

介绍时，应先向客人介绍销售部同事，后向销售部同事介绍客人。

接待员：不客气，朱先生，那你们聊，有事情随时联系我。

客人：好的，谢谢你。

接待员：您太客气了，朱先生，再见。

> **注意事项**
>
> 　与客人聊天时，应注意选择合适的话题。针对需要预订会议室的客人，可以询问其公司情况。针对需要预订婚宴的客人，可以询问其婚礼准备情况、预期等。

活动二：餐厅预订

一、礼貌问候并了解客人的需求

1. 礼貌问候并确认客人的身份。如果是店外客人，接待员应准确记录客人的姓名和联系方式。

2. 询问相关信息。认真倾听客人的需求，通过适当提问，了解客人的用餐人数、用餐日期、用餐时长和用餐情景。

3. 深入了解客人的需求。总结重复已知的预订信息，并通过适当提问，了解客人对菜系和口味的偏好、饮食禁忌、特殊要求。

示例：

接待员：下午好，先生，我是前台接待员小李，请问有什么能为您效劳的吗？

客人：你好，后天是我和我爱人结婚十周年的纪念日，我想找一个浪漫的餐厅，给我爱人一个惊喜。我对周边不是很熟悉，想麻烦你帮我想想办法。

接待员：先生，提前祝您和太太结婚纪念日快乐，能为您和太太安排一个浪漫而美好的结婚纪念日是我的荣幸。我能先知道您的姓名和房间号吗？

想一想

还可以询问哪些信息以便为客人推荐合适的餐厅？

提示

在得知客人要庆祝结婚纪念日、生日等特殊节日时，应主动向客人表示祝福。

图 3-4-10　酒店的结婚纪念日套餐

客人：我姓刘，住在 1106 房间。

接待员：谢谢您，刘先生。请允许我确认一下，您希望我们为您和刘太太推荐一个浪漫的餐厅共度结婚十周年的纪念日，时间是后天，8 月 27 日，对吗？

客人：对的。

接待员：好极了，您当天还有其他计划吗？用餐时间上，您希望安排在中午还是晚上？

客人：安排在晚上吧，白天我们有其他计划。

接待员：可以的，刘先生，上海的夜景非常漂亮，很多值得一试的餐厅也只开放晚餐。您偏好中餐还是西餐呢？

客人：中餐。

接待员：好的，刘先生。请问刘太太平时喜欢吃些什么？有没有需要我们在推荐时格外注意的？

客人：她比较喜欢吃牛肉，对海鲜过敏。

接待员：我了解了，刘先生。您对饮食有什么特殊要求吗？对菜系有什么偏好？

客人：我都可以，我们都喜欢吃得清淡一点。菜系上，我们没有什么偏好，希望餐厅的环境好一些。

接待员：没问题，我都记下了，刘先生。

注意事项

在与客人沟通的过程中，应根据具体情况，有选择性地使用开放式问题和封闭式问题。开放式问题能引导客人分享更多信息以便接待员做出更符合客人预期的推荐。封闭式问题更适用于落实阶段，有利于接待员更高效地推进服务进程。

二、为客人推荐餐厅

1. 介绍餐厅的总体情况。在介绍餐厅时，为方便客人判断该餐厅是否符合预期，接待员应用 1 至 2 句话介绍餐厅的总体情况，让客人明确餐厅的定位。例如，如果介绍该餐厅是米其林餐厅或黑珍珠餐厅，客人便能判断该餐厅是一个消费较高但体验极佳的餐厅。如果介绍该餐厅非常受当地居民的欢迎，客人便能判断该餐厅的消费合理且富有当地特色。

2. 着重介绍餐厅的特色菜品。在客人明确了餐厅的定位后，接待员应用 1 至 2 句话介绍餐厅的特色菜品。特色菜品的介绍既能让推荐更有吸引力，又能让客人对餐厅有更深入的了解。在介绍时，还应结合客人沟通过程中提及的偏好、禁忌或特殊要求。

3. 告知客人餐厅的基本信息。如果客人对推荐的餐厅感兴趣，则进一步告知客人餐厅的开放时间、地理位置、着装要求、是否需要提前预约等信息。

4. 主动为客人预订座位。在客人决定前往某个餐厅后，应主动为客人提供餐厅预订服务。需要注意，在预订座位前，应再次与客人核对用餐人数、用餐日期、用餐时长、口味偏好、座位偏好、特殊要求。在推荐较为高档的餐厅时，提醒并主动协助客人预订座位很有必要。

提示

建议当着客人的面为其预订餐厅座位，以防餐厅无座位或有其他问题，需要和客人确认。

图 3-4-11 酒店的中餐厅

示例：

接待员：刘先生，考虑到 8 月 27 日是您和太太结婚十周年的纪念日，刘太太喜欢吃牛肉，对海鲜过敏，我想为您推荐酒店的中餐厅。该餐厅已经连续三年入选米其林推荐餐厅，27 日当班的蒋大厨擅长苏帮菜，口味较为清淡，他做的蜜汁菌菇牛仔骨堪称一绝。这里不仅菜品口味好，餐厅的布置也很雅致，餐桌和餐桌间用屏风隔开，确保了私密性。如果您感兴趣的话，我们可以为您预订一个靠窗的位置，确保您和太太度过一个浪漫而温馨的夜晚。您觉得怎么样？

客人：听上去非常棒，就预订酒店的中餐厅吧。

接待员：没问题，刘先生，您希望 27 日几点到餐厅用餐？

客人：18：00 吧。

接待员：好的，请允许我再和您确认一下预订信息。您希望预约 8 月 27 日 18：00 酒店中餐厅靠窗的雅座，一共是 2 个人用餐，对吗？

客人：对的。

接待员：好的，请您稍等，我马上为您预约。

提示

为提升酒店收益，在介绍餐厅时，应首选酒店内部餐厅。

三、为客人预订座位

1. 主动进行自我介绍。在代表客人与餐厅沟通时，应主动进行自我介绍。如果是酒店内部餐厅，可以用"部门＋姓名"的形式介绍自己。如果是社会餐厅，则需要告知餐厅"酒店名称＋部门＋姓名"并说明来电原因。

2. 转述客人的需求。完整、准确地转述客人的身份、用餐人数、用餐日期、用餐时长、口味偏好、座位偏好、特殊要求等信息。如果在为客人推荐餐厅的过程中，客人提及了具体菜品，也应一并告知餐厅。

3. 回答餐厅提出的问题。餐厅接待员在确认当天有符合条件的座位后，往往还会询问客人的姓名、电话等信息，或提出其他相关问题。在如实回答餐厅提出的问题时，应格外注意，不要未经客人同意，为客人做出选择。如果餐厅问及未向客人确认的情况，可以告知餐厅，将在与客人沟通后回复。

4. 询问餐厅接待员的姓名。为了避免客人到达餐厅后，餐厅不承认客人预订座位的情况发生，应在挂断电话前，再次与餐厅接待员确认相关信息并记录其姓名，以明确责任（如果餐厅接待员已提前告知其姓名，则可以省略此步骤）。

四、告知客人预订情况并提供惊喜服务

1. 告知客人预订情况。明确告知客人预订是否顺利，并转述相关制度，如到达餐厅后需要提供哪些信息、如何取消预订。如果客人选择前往社会餐厅用餐，还应在地图上标注出酒店和社会餐厅的具体位置以及从酒店到社会餐厅的具体线路，主动为客人提供公共交通信息，协助客人安排出租车，并尝试为客人推荐酒店车辆接送服务。

提示

由于食材有保鲜时间的限制，餐厅在每日采购原材料时，会按照预估的销量进行采购。提前告知餐厅客人感兴趣的菜品，可以避免出现客人点单时该菜品需要的原材料已经沽清，无法制作的情况。

提示

在为客人提供惊喜服务前，应与相关部门确认能否实现。

图 3-4-12　儿童专用餐具

2. 提供惊喜服务。在与餐厅沟通可行的惊喜服务后，可以用征求意见的口吻，传达酒店将为客人提供的贴心服务。例如，为前来庆祝的客人准备免费的香槟或蛋糕；为带孩子的客人准备儿童专用餐具和宝宝椅；为商务宴请的客人更换客人公司常用颜色的餐具、桌布等。

示例：

接待员：刘先生，已经为您预订好了，您到餐厅后告知服务员您的姓名和手机尾号即可。预订会为您保留 15 分钟，如果当天有任何特殊情况，您可以随时告知我们或联系餐厅修改预订时间，这是餐厅的名片。

客人：好的，谢谢你。

接待员：不用客气，刘先生。我知道您非常希望给刘太太一个浪漫的回忆，我刚刚与酒店中餐厅的同事商量了一下，如果您能分享一些您和太太的合照或有纪念意义的故事，我们非常乐意为您定制一本充满回忆的菜单，用餐结束后，您可以把菜单带回去作为纪念。中餐厅的同事还会根据合照或故事为您定制当天的甜品和点心，您意下如何？

客人：这真是太有趣了。我该怎么把合照发送给你们？

接待员：您可以发送到酒店中餐厅的邮箱。制作定制菜单需要时间，烦请您在明天中午 12：00 前发送给我们。

客人：好的，我记下了，谢谢你们。

讨论

还可以为庆祝结婚纪念日的客人提供哪些特色服务？

> **注意事项**
>
> 在沟通中，接待员要不断挖掘客人的需求，并根据客人的情况，定制惊喜服务内容。需要注意的是，在为客人提供惊喜服务前，应与落实惊喜服务的相关部门确认可行性，避免出现在答应客人后才发现无法实现的情况。

提示

为避免产生误解，如果客人需要为某项服务付费，应在推荐时告知其价格。

3. 增值销售。除了提供免费的惊喜服务，接待员还可以根据具体情况，向有需求的客人提供收费服务。例如，对于前来庆祝节日的客人，可以尝试为其推荐酒店花房的花束、红酒，或邀请客人在用餐后前往酒店的酒吧喝一杯。

提示

如果酒店无花房，可以由酒店礼宾部从外部购买花束等。

图 3-4-13　酒店的惊喜服务

五、礼貌道别

1. 询问客人的入住体验。为了及时发现、解决客人遇到的问题，应抓住每一次与客人互动的机会，主动询问客人的入住体验。

2. 礼貌道别。询问客人是否有其他需求，如果没有，向客人礼貌道别。

依据世界技能大赛酒店接待项目对于设施与服务问询处理内容的相关评分细则，评分方式分为"客观"和"主观"两部分。"客观"部分主要评判待客过程中有无步骤和语言上的遗漏，如无特殊说明，只有"全部得分"和"不得分"两种情况。"主观"部分则根据选手的表现进行权重打分。请将分值除以 3 后乘以该项的权重，计算该项的最终成绩。

表 3-4-3　客观评分表

序号	评价项目	评价标准	分值	得分
1	礼貌问候	礼貌问候客人，主动进行自我介绍，并积极为客人提供帮助	1	
		询问客人的房间号、姓名，并通过系统查询核对	0.5	
		至少三次使用正确的头衔称呼客人	1.5	

（续表）

序号	评价项目	评价标准	分值	得分
2	了解客人的需求	询问并记录活动中提及的相关问题。每询问一项得 0.5 分	3	
3	预订	向客人总结重复已知的预订信息，确认信息无误	2	
		立即通过电话与相关部门沟通，按要求为客人完成预订	2	
4	礼貌道别	向客人转述电话沟通的内容	1	
		询问客人的入住体验以及是否有其他需求	1	
		再次感谢客人	0.5	
总分			12.5	

表 3-4-4　主观评分表

序号	评价项目	评价标准	分值	权重	得分
1	寒暄	未寒暄	0	5	
		仅询问客人简单问题，但未对客人的回复做出任何反应	1		
		能够通过对话与客人建立良好的沟通氛围	2		
		能快速识别客人的身份，主动询问客人的入住体验，并通过寒暄与客人建立良好的沟通氛围	3		
2	妥当回应客人的需求	未向客人推荐或推荐的餐厅等明显不符合客人的需求	0	4	
		仅告知客人餐厅等的名称，但未进行介绍	1		
		告知客人餐厅等的名称，并能较好地介绍相关设施或服务特色	2		
		为客人推荐合适的餐厅等，根据客人的需求调整介绍重点，并主动告知客人相关信息	3		
3	增值销售	未进行增值销售	0	5	
		仅额外告知客人酒店的一项设施与服务，但未尝试销售	1		
		有针对性地增值销售酒店的一项设施与服务	2		
		有针对性地增值销售酒店两项及以上的设施与服务	3		
4	表现自信	没有信心，压力大，不专心	0	4	
		几乎没有信心	1		
		自信，冷静	2		
		自信，冷静，细心待客	3		
总分					

接待食物过敏客人时的注意事项有哪些？

1. 食物过敏非常危险，严重时可能导致休克或死亡。如客人主动告知对某食物过敏，则必须把相关信息如实、详尽地记录在客史档案中。

2. 客人入住酒店后，应把客人对某食物过敏的信息告知相关部门，请相关部门重视。例如，客人对某食物过敏，接待员应通知餐饮部、厨房和客房送餐部门。

3. 推荐餐厅时，如果客人对某类食物过敏，则应尽量避免为其推荐以该类食物为主要原材料的餐厅。例如，客人对海鲜过敏，则不应为其推荐以海鲜为主要原材料的餐厅。

4. 点餐时，应主动为客人推荐不含过敏源的菜品。需要注意，如果无法确定相关菜品在烹饪过程中是否包含易导致客人过敏的食材，应先与厨房确认，再答复客人，避免向客人传达错误信息，造成严重后果。

5. 完成点餐后，如果客人对菜品的烹饪过程或原材料有特殊要求，可以与厨房沟通，尽量满足客人的需求。例如，客人对蛋清过敏，则在烹饪虾仁等菜品时替换蛋清，选择为虾仁裹上淀粉。

想一想

常见的过敏症状有哪些？

一、思考题

1. 活动中讨论了为庆祝结婚纪念日的客人提供惊喜服务的方法。酒店可以为家庭娱乐客人、VIP 客人和残障客人提供哪些惊喜服务？

2. 如果预订时，餐厅没有符合客人预期的座位，应如何处理？如果餐厅完全没有可以预订的座位，应如何处理？

二、技能训练题

某天，住店客人周先生来到前台咨询酒店会议室，他的公司将在 10 月 19 日举办周年庆，希望预订当天的会议室。请根据以上信息，按照酒店宴会厅推荐流程写下周先生与接待员的对话，并请同学扮演周先生，由你扮演接待员，为其办理预订手续。

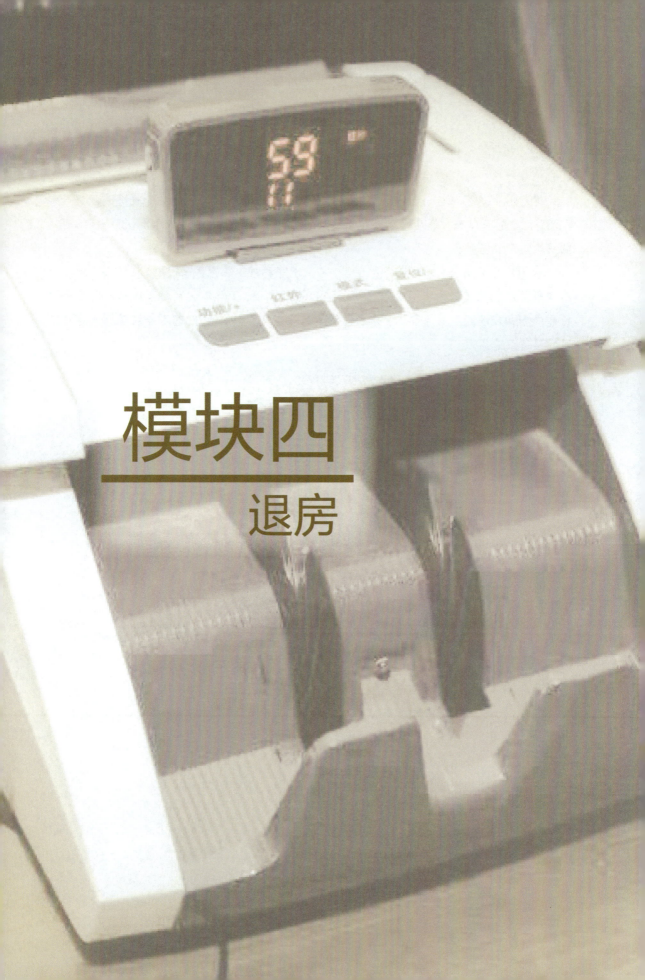

模块四

退房

退房通常是客人与酒店接待员的最后一次接触。酒店能否在退房阶段进一步提升客人的体验，加深客人对酒店的正面印象，会影响客人对酒店的整体评价，并影响客人再次购买酒店产品与服务的意愿。

本模块分为两个任务：任务1，一般客人退房办理；任务2，特殊客人退房办理。酒店接待员应熟练掌握为客人办理退房手续的基本流程，了解不同预订渠道客人常见的支付方式和相应的酒店财务备注，并熟悉残障客人、VIP客人、团队客人等特殊客人在退房时的接待注意事项。

图 4-0-1　接待员礼貌送别客人

任务1 一般客人退房办理

 学习目标

1. 能熟练掌握不同付款方式及其结账操作的相关知识。
2. 能了解酒店为一般客人办理退房手续的程序。
3. 能根据团队退房的接待流程为团队客人办理退房手续。
4. 能根据酒店的规章制度和程序及时处理客人延迟退房、续住等个性化需求。
5. 能在退房接待过程中，严格按照酒店财务制度，正确开具发票。

 情景任务

8月10日12：00，王先生来到上海公园大酒店前台办理退房手续。他住在0803房间，8月7日抵店，8月10日退房，共入住3晚。房费共计1590元，由王先生自行承担。请你作为接待员，为王先生办理退房手续。

 思路与方法

办理退房手续是指客人在离开前，于酒店前台办理的结账手续。接待员应熟悉退房办理的流程，掌握各类常用的结账方式，并能及时处理客人延迟退房、续住等个性化需求。

一、退房流程可以分为哪几个部分？

为客人办理退房手续是前台接待员的基本工作内容，可以分为问候并了解客人的入住体验、询问客人的额外消费并核对账单、结账并准备账单和发票、礼貌道别四个部分。

表 4-1-1　退房流程

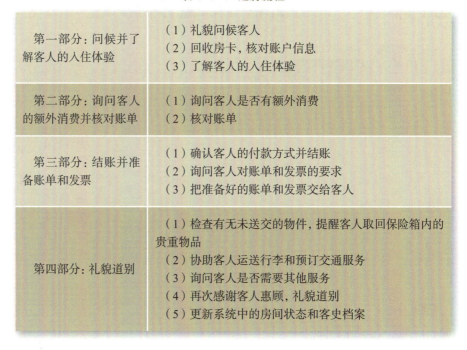

第一部分：问候并了解客人的入住体验	（1）礼貌问候客人 （2）回收房卡，核对账户信息 （3）了解客人的入住体验
第二部分：询问客人的额外消费并核对账单	（1）询问客人是否有额外消费 （2）核对账单
第三部分：结账并准备账单和发票	（1）确认客人的付款方式并结账 （2）询问客人对账单和发票的要求 （3）把准备好的账单和发票交给客人
第四部分：礼貌道别	（1）检查有无未送交的物件，提醒客人取回保险箱内的贵重物品 （2）协助客人运送行李和预订交通服务 （3）询问客人是否需要其他服务 （4）再次感谢客人惠顾，礼貌道别 （5）更新系统中的房间状态和客史档案

想一想

有哪些常见的额外消费？如何有效避免遗漏这些额外消费？

提示

散客英文为 Foreign Independent Tourist，意为去异地独立旅游的人，在酒店中是指非旅行社、公司或团队订房的客人，人数多在 5 人以下。

二、酒店有哪些常见的付款方式？办理退房手续时有哪些注意事项？

酒店常见的付款方式包括现金结算、信用卡结算、支票结算、转账结算。在中国，散客大多使用在线付款方式，少部分使用现金结算和信用卡结算；公司和旅行社多使用支票结算和转账结算。

1. 在线付款。常见的在线付款方式包括支付宝支付、微信支付、网银支付等，大部分酒店现已开通在线支付功能，客人可以通过出示付款二维码快速结账。如果客人使用支付宝、微信等方式支付押金，接待员应把小票与客人的入住登记单放在一起，以便退房时快速找到小票，并通过扫描小票上的二维码结账或退押金。

2. 现金结算。收取现金时，应注意辨别真伪、币面是否完整无损，做到唱收唱付。在收取现金后，应使用验钞机验明真伪。完成验钞前，应时刻把现金置于客人能够看见的地方，以防出现假钞后产生争议。完成验钞后，应做到现金不离手，一旦经过他人之手，则需要再次使用验钞机验明真伪。

3. 信用卡结算。使用信用卡结算时，应先检查信用卡的有效性，再对客人的签名进行核对。先确认信用卡可以使用后，再按照酒店规定程序办理退房手续。

提示

大部分五星级酒店可以按照汇率把外币兑换成人民币，但不能把人民币兑换成外币。

图 4-1-1　信用卡示例

4. 支票结算。对于初次使用支票结算的客人，应礼貌地请其出示有效身份证件，核对无误后摘录支票使用人的姓名、单位、身份证号码、单位电话、手机号码等信息，并鉴别支票真伪。

中国×银行支票存根 XW11983223 附加信息	中国×银行转账支票　　　　XW11983223
出票日期　年　月　日 收款人： 金额： 用途： 单位主管　　会计	出票日期（大写）　年　月　日　付款行名称： 收款人：　　　　　　　　　出票人账号： 人民币（大写）　亿 千 百 十 万 千 百 十 元 角 分 用途 上列款项情况 我账户内支付 出票人签章　　　　　　复核　　　记账

图 4-1-2　转账支票示例

表 4-1-2　支票有效性检查内容

支票内容	注意事项
印鉴	印鉴必须清晰，公司财务章、企业法人章在盖章时不得超过下面的红线，且印鉴区没有折叠痕迹
书写	（1）必须用正楷或行书填写大写壹、贰、叁、肆、伍、陆、柒、捌、玖、拾、佰、仟、万、元、角、分、零、整，"元"之后必须写"整"，"角""分"之后可写、可不写"整" （2）阿拉伯数字小写金额数字中有"0"时，中文大写应按照汉语语言规律、金额数字构成和防止涂改的要求进行书写：阿拉伯数字中间有"0"时，中文大写要写"零"字；阿拉伯数字中间连续有若干个"0"时，中文大写金额中间可以只写一个"零"字；阿拉伯数字万位和元位是"0"时，或者数字中间连续有若干个"0"且万位和元位也是"0"，但千位、角位不是"0"时，中文大写金额中可以只写一个"零"字，也可以不写"零"字；阿拉伯数字角位是"0"而分位不是"0"时，中文大写金额"元"后应写"零"字

提示

支票上的书写规范是为了防止他人恶意篡改支票金额。

（续表）

支票内容	注意事项
书写	（3）中文大写金额数字到"元"为止的，在"元"后应写"整"（或"正"）字；中文大写金额数字到"角"后，可以不写"整"（或"正"）字；中文大写金额数字中有"分"的，"分"后不写"整"（或"正"） （4）小写栏里小写数字前要加"¥"；阿拉伯小写金额数字要认真填写，不得连写，使人分辨不清；中文大写金额数字应紧接着"人民币"字样填写，不得留有空白；"元"后的数字遇"零"，应写成"0"，不可画线
日期	必须使用中文大写的出票日期：填写月、日时，月为壹、贰和拾的，日为壹至玖和壹拾、贰拾、叁拾的，应在其前加"零"；日为拾壹至拾玖的，应在其前加"壹"。例如，1月15日应写成"零壹月壹拾伍日"。支票的提示付款期限为自出票日起10日
修改	支票填写不得有任何涂改

5. 转账结算。转账结算必须建立在酒店与客人事先签订合同的情况下，客人在进店入住时，需要提供相关住房凭证，才可以使用此方式结算。客人结账时，在经确认的账单上填写名字、单位名称、联系方式即可。此账由前台收银员转至财务部，由财务部进行追收。

三、为客人办理续住的流程有哪些？

1. 询问客人是否有新的预订。如果客人已经通过其他渠道完成预订，则应与客人确认预订信息是否正确。如果客人尚未预订，则应询问客人退房日期、房型，告知客人当晚房价，并在得到客人同意后，为其办理续住手续。

2. 通过系统查询，确认客人的押金是否充足。对于通过信用卡支付押金的客人，由于信用卡预授权的有效期通常为20至30天，接待员在确认押金时，不仅要留意金额是否充足，还要留意预授权是否有过期自动退回的风险。对于长住的客人，酒店通常会请其每两周结算一次账单。

3. 询问客人的入住体验。如果客人有换房的需求，应通知礼宾部尽快帮助客人整理行李并把行李运送至新的房间。

四、续住时客人换房的流程有哪些？

1. 了解客人换房的原因。续住时客人换房一般分为两类。一是客人主动要求换房，通常是因为入住人数改变或客人对房间景色、布局等不满意。为了避免新安排的房间仍无法满足客人的需求，应在换房时了解客人换房的原因。二是客人被动换房，通常是因为客人续住时预订的房间与现在入住的房间在房型和房价上不一致。遇到此种情形，应先与客人沟通，了解客人是否有换房的需求。如果客人并无换房的需求，应尽量遵循不换房原则，既为客人提供便利，也减少酒店的工作量。

2. 在系统中办理换房手续。必须严格按照换房手续为客人换房，再三确认系统中已经为客人更换房间后，再制作新的房卡，以防发生Double Check-in（重复排房）的情况。客人换房后，应收回客人的旧房卡。

3. 及时把换房信息告知相关部门。客人换房后，应及时通知礼宾部协助客人运送行李，通知客房部打扫原房间。

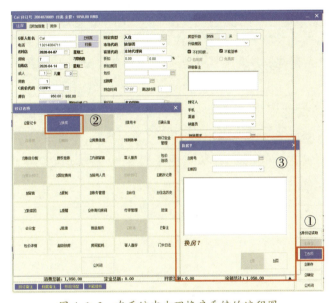

图 4-1-3　在系统中办理换房手续的流程图

五、什么是延迟退房？酒店接待延迟退房客人的方法是什么？

延迟退房是指客人在酒店最晚退房时间（通常为中午 12：00）后仍未退房，且未办理续住手续。

对于应离未离的客人，接待员应礼貌确认其确切的离店日期和时间，向客人解释延迟退房的收费标准，通常为 14：00 前退房免费，18：00 前退房加收半天房费，18：00 后退房加收整晚房费（可以按照酒店的具体规定执行）。

如果客人同意额外支付延迟退房的费用，则应尽快检查未退房间是否被预分给将要抵店的客人，以便及时调整。在得到酒店管理者的许可和签批后，可以为部分客人提供免费延迟退房服务。

一、问候并了解客人的入住体验

1. 礼貌问候客人。主动向客人问好，并询问客人是否需要帮助。注意保持目光接触和平视交流，使用自然、亲切、温和的方式，让客人感受到被欢迎。

2. 回收房卡，核对账户信息。礼貌请求客人告知房间号并交还房卡。通过系统查询客人的信息，与客人核对姓名。在后续接待过程中，应使用客人喜欢的方式称呼客人，称呼次数应达到三次以上。

3. 了解客人的入住体验。询问客人的入住体验以及在当地的旅程是否顺利。如果客人有任何意见或顾虑，接待员应立即给予客人适当的答复或者解决客人的问题。如果问题不能立即解决，则应在客人退房后通过电话或电子邮件再次联系客人。如果客人对此次入住感到满意，则应向客人表示感谢，并鼓励客人把此次入住体验分享在社交平台上。

提示

如果客人把房卡遗留在房间或希望保留房卡，接待员不必强制收回房卡。

> **注意事项**
>
> 接待员不仅要掌握客人不良反馈或投诉的处理方法，还要掌握回应客人夸奖和表扬的方法。感谢客人并鼓励其在第三方平台上分享入住体验是比较好的选择。

示例：

接待员：王先生，您这次住得满意吗？

客人：满意，客房的床很舒服。

接待员：很高兴您住得舒心，客房的床垫是定制的，广受客人的好评。如果您收到酒店的在线调查信息，还请分享您的美好体验。

提示

酒店可以通过房间号、姓名、预订确认号、公司、旅行社等信息在系统中查找已经入住的客人。

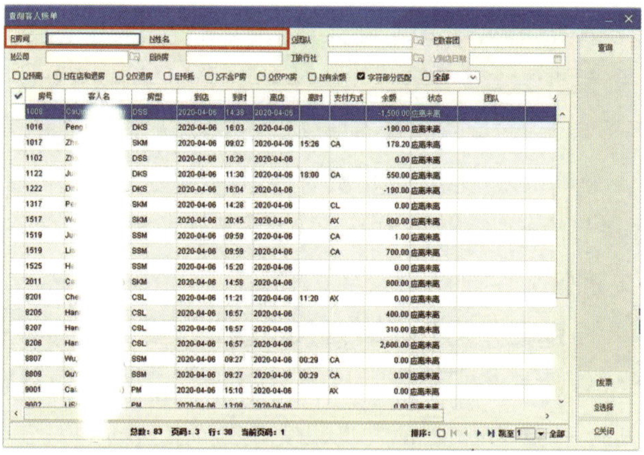

图 4-1-4　系统中的退房查询页面

二、询问客人的额外消费并核对账单

1. 询问客人是否有额外消费。在打印账单前,应询问客人是否有额外消费。如果客人已经预订了酒店车辆接送服务,应注意确认车辆接送费用是否入账。

2. 核对账单。打印账单,并请客人确认账单。退房时,接待员需要注意系统中的备注,如果客人已经提前把房费支付给第三方平台,则不可把房费告知客人。

示例:

接待员:王先生,请问您昨晚使用过"迷你吧"吗?

客人:我喝了一瓶可乐。

接待员:好的,请稍等,马上为您更新账单。(更新账单)王先生,这是您房间的消费明细,请您核对后签字确认。

客人:好的。

查一查

"迷你吧"内通常会提供哪些零食和饮品?

> ### 注意事项
>
> "迷你吧"是酒店为方便客人在客房内快速获取各类零食和饮品所提供的一项服务(通常不会放置含酒精的饮料),是退房时查房的重点。现在,越来越多的酒店免费向客人开放"迷你吧"。也有部分酒店选择信任客人,只在退房时询问客人是否使用过"迷你吧",而不再查房。

查一查

"迷你吧"是由哪家酒店首先推出的?酒店采取过哪些措施避免客人逃避支付"迷你吧"的费用?

图 4-1-5　酒店的"迷你吧"

三、结账并准备账单和发票

1. 确认客人的付款方式并结账。如果客人希望更换付款方式,应在完成支付后,把客人入住时的(信用卡)预授权退还,以免因押金长时间未退回造成不必要的投诉。一般而言,酒店"完成预授权"或者"撤销预授权"后,冻结的预授款会在一周内解冻。如果酒店未主动退

想一想

是否可以为客人开具多于消费金额的发票?

还押金，预授权会在一个月后自动失效。

2. 询问客人对账单和发票的要求。大部分差旅客人需要开具发票，并打印账单。接待员在准备发票时必须反复细心核对，以防因税号错误等原因造成发票无法报销，给客人带来不便。

3. 把准备好的账单和发票交给客人。完成开票后，接待员应再次核对开票信息，确认无误后把增值税普通发票的第二联或增值税专用发票的第二联、第三联交给客人，并请客人再次核对账单和发票。如果核对无误，则按规定折叠账单和发票，装入信封后交给客人。折叠时应注意，增值税专用发票的密码区不得出现折痕。

> **注意事项**
>
> 　　发票分为增值税普通发票和增值税专用发票。酒店消费中，只有房费可以开具增值税专用发票，且每张发票都需要有对应账单作为佐证材料，由财务部负责审核。接待员不得使用房费代码开具餐费、交通费、会议费等费用的增值税专用发票。

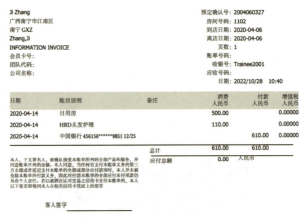

图 4-1-6　客人账单明细示例

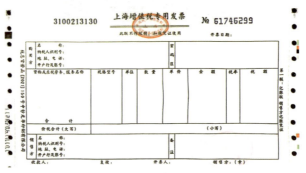

图 4-1-7　增值税专用发票示例

示例：

接待员：王先生，请问您是用入住时的信用卡预授权付款吗？信用卡的最后四位是××××吗？

客人：是的。

接待员：好的。请问您需要开具发票吗？

客人：需要，只开具房费的发票即可。

接待员：好的，王先生。需要为您分账单吗？

客人：好的，请只显示房费。

接待员：没问题，请您提供一下发票信息。

客人：好的。

四、礼貌道别

1. 检查有无未送交的物件，提醒客人取回保险箱内的贵重物品。检查有无未送交的快递、邮件、留言和文件，如果有相关资料，请及时请客人确认；提醒客人不要忘记取回保险箱内的贵重物品。

2. 协助客人运送行李和预订交通服务。询问客人是否需要帮忙运送行李、安排车辆。如果客人有需求，应尽量为其提供服务。

3. 询问客人是否需要其他服务。礼貌询问客人是否需要其他服务。

4. 再次感谢客人惠顾，礼貌道别。再次感谢客人惠顾，礼貌道别，并祝客人旅途愉快。

5. 更新系统中的房间状态和客史档案。检查系统中的房间状态是否更新，确保退房手续全部完成，并更新客史档案。

示例：

接待员：王先生，这是您的账单和发票，请您再次确认发票抬头和税号。

客人：对的。

接待员：好的，帮您装在信封里，可以吗？

客人：可以。

接待员：王先生，退房手续都办理好了，请问您需要行李运送服务吗？

客人：不用了，谢谢。

接待员：不客气，王先生。您保险箱内的贵重物品都取回了吗？

客人：都取回了。

接待员：好的，您准备现在出发吗？是否需要为您安排车辆或者预订其他酒店？

> **提示**
>
> 分账单是指把不同账项分成几页打印。结伴出行的客人和公司客人可能会有分账单的需求。如公司客人不希望公司知道其在酒店除了住宿以外的消费内容，会要求酒店单独打印房费账单。

> **提示**
>
> 为提升客人的入住体验，酒店可以在客人离开前向其赠送具有当地特色的纪念品。

客人：不用了，谢谢。我已经安排好出租车了。

接待员：好的，王先生，再次感谢您选择上海公园大酒店，祝您旅途愉快。

客人：谢谢，再见。

依据世界技能大赛酒店接待项目对于退房内容的相关评分细则，评分方式分为"客观"和"主观"两部分。"客观"部分主要评判待客过程中有无步骤和语言上的遗漏，如无特殊说明，只有"全部得分"和"不得分"两种情况。"主观"部分则根据选手的表现进行权重打分。请将分值除以 3 后乘以该项的权重，计算该项的最终成绩。

表 4-1-3　客观评分表

序号	评价项目	评价标准	分值	得分
1	问候并了解客人的入住体验	礼貌问候客人并主动为客人提供帮助	0.5	
		礼貌请求客人告知房间号并交还房卡	1	
		在系统中核对客人的姓名，并在接待过程中至少三次称呼客人姓氏	1	
		礼貌询问客人的入住体验	1	
2	询问客人的额外消费并核对账单	询问客人是否有额外消费	1.5	
		更新并打印账单，请客人确认并签字	1.5	
3	结账并准备账单和发票	询问客人的付款方式并结账，在系统中办理退房手续	1.5	
		根据客人的要求，正确为客人准备账单和发票	0.5	
4	礼貌道别	主动为客人提供行李运送服务	1	
		主动为客人提供交通或同品牌酒店的预订服务	1	
		提醒客人取回保险箱内的贵重物品	1	
		再次感谢客人惠顾，祝客人旅途愉快	1	
	总分		12.5	

表 4-1-4　主观评分表

序号	评价项目	评价标准	分值	权重	得分
1	寒暄	未寒暄	0	5	
		仅有简单寒暄，但未对客人的回复做出反应	1		
		自然地与客人寒暄，建立良好的沟通氛围	2		
		自然地与客人寒暄，建立良好的沟通氛围，并根据客人的情况，安排客人下次入住酒店	3		
2	增值销售	未进行增值销售	0	5	
		仅额外告知客人酒店的一项设施与服务，但未尝试销售	1		
		有针对性地增值销售酒店的一项设施与服务	2		
		有针对性地增值销售酒店两项及以上的设施与服务	3		
3	信心	没有信心，压力大，不专心	0	4	
		几乎没有信心	1		
		自信，冷静	2		
		自信，冷静，细心待客	3		
总分					

拓展学习

一、团队客人结账的工作步骤和工作标准

团队客人结账的工作步骤和工作标准见表 4-1-5。

表 4-1-5　团队客人结账的工作步骤和工作标准

工作步骤	工作标准
1. 检查并核对账单	1. 核对团队客人总账单与团队接待通知单，重点确认以下信息：（1）团队编号；（2）团队名称；（3）团队人数；（4）团队用房数；（5）房价；（6）用餐标准；（7）抵店、离店时间；（8）陪同人员姓名；（9）旅行社名称、联系人、电话等；（10）进店后的变动情况 2. 复核费用计算是否准确 3. 向客房中心了解客人有无"迷你吧"等额外消费
2. 打印团队总账单和客人自付账单	1. 根据团队的结算方式准备好结算凭证 2. 准备团队入住登记资料和团队总账单，以便领队查阅。 3. 提前告知领队自付账单客人的房间号，并协助领队提醒客人及时到前台结账

提示

为提高团队客人退房效率，团队客人总账单的检查、核对工作通常由前台夜班接待员完成。

提示

在客人未结清自付账单前，酒店通常不会归还领队或旅行社在前台支付的押金。

（续表）

工作步骤	工作标准
3. 结账离店	1. 请领队检查账单并结算，具体分以下几种情况：（1）如果是转账，请领队在确认过的账单上签字；（2）如果是现付，请领队根据实际消费金额结清账款；（3）如果是支票结算，请领队严格按照支票结算程序结算 2. 如果有客人自付账单未结清，请领队帮助催收 3. 如果有未归还的房卡和钥匙，请礼宾部工作人员帮助追收
4. 完成结账手续	1. 把已结账离店团队的信息告知客房部 2. 在系统中更新房态 3. 整理已结账的团队总账单和相关资料 4. 编制客房收入日报表 5. 把团队总账单和相关资料转交财务部

提示

统一结账的团队客人（非领队）可以享受快速退房服务，仅需要把房卡交还给前台接待员即可快速离店。

提示

为减少团队客人的等待时间，酒店通常不会在入住时收取每一位团队客人的押金。因此，团队客人中的单个客人无法签单挂房账。

二、团队客人结账的注意事项

1. 团队客人结账超过预计的时间或天数，需要经酒店有关部门批准。

2. 付现金的团队客人在进店时要以预付款的形式先行支付团队的预计费用。

3. 团队的领队或陪同人员无权把未经旅行社认可的账目私自转入旅行社结算的账目。

4. 当客人对付款项目有异议时，要及时与相关部门取得联系或请大堂副经理出面处理。

 思考与练习

一、思考题

1. 如何处理团队客人提前离店的情况？

2. 为避免客人逃避支付"迷你吧"的消费，酒店尝试过查房、配备智能"迷你吧"等方法，这些方法各有什么利弊？现在，一些酒店选择把"迷你吧"的费用包含在房费内，免费开放"迷你吧"供客人使用，或选择信任客人，仅询问而不查房。是否有更好的方法？

二、技能训练题

某天上午11：00，张先生来到前台结账。由于预订了当天17：00

的机票，他希望可以免费延迟到当天 15：00 退房，并已预订了 15：00 的酒店车辆送机服务。张先生此次共入住 4 晚，在酒店的中餐厅消费了 328 元。通过询问得知，张先生昨晚喝了房间"迷你吧"内的一瓶汽水。请你按照酒店退房流程写下接待员与张先生的对话，并请同学扮演张先生，由你扮演接待员，为其办理退房手续。

任务 2　特殊客人退房办理

学习目标

1. 能掌握上门散客、在第三方预订平台预订的客人、公司客人、旅行社客人、团队客人常用的财务备注信息。
2. 能熟练掌握系统操作方法，根据客人的要求准备账单。
3. 能根据财务备注信息，在系统中为使用不同结账方式的客人正确办理退房手续。
4. 能掌握接待 VIP 客人、残障客人、在酒店意外受伤的客人、在入住期间投诉的客人等特殊客人的注意事项，为客人提供退房服务。
5. 能在退房接待过程中，严格按照酒店财务制度，正确开具发票。

想一想

哪些情况下，一位客人会为多个房间支付房费？

情景任务

中午 12：00，李先生来到上海公园大酒店前台为 1107 房间和 1108 房间办理退房手续。两个房间的所有费用都由李先生支付。请你作为接待员，为李先生办理退房手续。

思路与方法

为快速、准确地为客人办理退房手续，接待员应掌握上门散客、在第三方预订平台预订的客人、公司客人、旅行社客人、团队客人等常用的财务备注信息，了解不同财务备注信息的含义及其所代表的结账方式。

提示

第三方预订平台（Online Travel Agency，简称 OTA）可以理解为线上旅行社。通过第三方预订平台预订的客人，可以选择在前台支付或在线上支付。

一、在财务上可以把客人分为哪些类型？

退房时，接待员会根据系统中的财务备注信息为客人办理退房手续。为避免退房接待员因错误理解客人入住时由其他接待员填写的财务备注信息造成结账错误，酒店在财务上把客人分为以下几类：（1）上门散客；（2）在第三方预订平台预订的客人；（3）公司客人；（4）旅行社客人；（5）团队客人。酒店还规定了各类情景下财务备注的书写内容。

二、退房时常见的财务备注有哪些？分别是什么意思？

　　客人入住时，接待员应根据客人的预订信息，在系统的备注（Comments）处填写房费支付方式以便客人办理退房手续。接待员修改预订页面的备注信息后，账务管理页面的备注信息会自动更新。

图 4-2-1 预订页面

图 4-2-2 账务管理页面

常见的财务备注说明见表 4-2-1。

表 4-2-1 常见的财务备注说明表

财务缩写	内容说明
All POA	在前台自付全部费用（包括房费和杂费）
Room paid, no post	房费已付，不得挂账
RM to TA, oths POA	房费由旅行社支付，在前台自付其他费用
RM to CO, oths POA	房费由公司支付，在前台自付其他费用
All P/B RM 1108 Mr. ×××, # 2004140021	由 1108 房间 ××× 先生（预订确认号 2004140021）支付全部费用
All POA, P/F RM 1107 Ms. YYY, # 2004140020	在前台自付全部费用，并为 1107 房间 YYY 女士（预订确认号 2004140020）支付全部费用
RM paid by outside guest Ms. ×××, Tel: 138×××3984, oths POA	已由店外客人 ××× 女士支付房费，联系方式：138×××3984，由客人在前台自付其他费用
RM to PM 9009, no post	房费转至假房 9009，不得挂账

提示

备注处通常只填写财务信息。其他需要提醒办理退房手续同事的信息可以填写在留言（Alerts）处。

提示

TA 是 travel agency（旅行社）的缩写；oths 是 others（其他）的缩写；CO 是 company（公司）的缩写；P/B 是 paid by…（由……付）的缩写；P/F 是 paid for…（为……付）的缩写。PM 即假房，是酒店在系统中建立的虚拟房号，用于调整账目等。房间号可以由酒店自行设置。

三、对于上门散客，有哪些常用的财务备注？

上门散客（以下简称散客），是指未经过第三方直接联系酒店的客人，主要包括以下几类：（1）未经过预订直接来到前台办理入住手续的客人；（2）自己通过电话预订酒店客房的客人；（3）自己通过酒店官网预订酒店客房的客人。大部分散客的结账方式都是在前台自付全部费用，但根据具体情况，还会出现以下常见的财务备注：

1. Room paid, no post

对于不愿意支付押金的散客，接待员可以请其在入住时先行支付入住期间的全部房费，并友善提醒客人：（1）一旦支付房费，即使客人提前离店也无法退回已支付的房费，请客人确认入住天数不会改变；（2）客人在入住期间，如果在酒店内有其他消费将无法挂账，需要现场结算。

2. All P/B RM 1108 Mr. ×××... 或 All POA, P/F RM 1107 Ms. YYY...

P/B 和 P/F 应成对出现，房间较多时还应建立 Party 号，绑定相关房间。标题中，1108 房间为付款房间，1107 房间为被付款房间。如果未在 1108 房间备注处写明 P/F RM 1107，可能出现未把 1107 房间账单转移至 1108 房间统一结账，从而导致 1107 房间账单无人结算的情况。如果未在 1107 房间备注处写明 P/B RM 1108，可能出现在结账时请 1107 房间客人重复支付房费的情况，影响客人的入住体验。

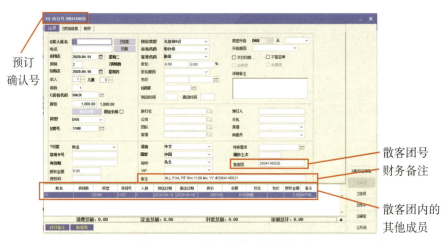

图 4-2-3　预订页面相关信息说明

3. RM paid by outside guest Ms. ×××, Tel: 138×××××3984, oths POA

对于由店外客人支付房费的情况，应在财务备注处写明"房费由店外客人支付""店外客人名字""店外客人电话"，并询问店外客人以下问题：（1）房费发票是否可以给到入住的客人；（2）入住客人的其他消费由谁支付。

四、对于在第三方预订平台预订的客人，有哪些常用的财务备注？

在第三方预订平台预订的客人，通常有两种付款方式：一是在前台自付全部费用；二是在线上自付房费。以下重点介绍两种付款方式的具体含义及其常用的财务备注。

1. 在前台自付全部费用的具体含义及其常用的财务备注

在前台自付全部费用是指客人仅通过第三方预订平台预订房间，房费等仍在酒店前台支付。对于该类订单，第三方预订平台通常会收取酒店一定比例的佣金。常用的财务备注类似于针对散客的财务备注。发票由前台直接开具。

2. 在线上自付房费的具体含义及其常用的财务备注

在线上自付房费是指客人直接通过第三方预订平台预订房间，并把房费支付给第三方预订平台。对于该类订单，第三方预订平台通常会按照月度或季度与酒店结账，且其支付给酒店的房费会低于客人支付给平台的房费，中间的差价即为平台的收益。常用的财务备注类似于"RM to TA, oths POA（房费由第三方支付，在前台自付其他费用）""RM to TA, oths no post（房费由第三方支付，不得挂账）"。发票由第三方平台开具。

五、对于公司客人、旅行社客人、团队客人，有哪些常用的财务备注？

公司客人可以享受酒店与公司签订的协议价。如果该公司提出挂账需求，且公司客人每年入住的房晚数较多，酒店财务部会为其设置专用的应收账户，常用的财务备注为"RM to CO"（房费由公司支付，在前台自付其他费用）。如果公司客人每年入住的房晚数较少，则通常由该公司员工在退房时自行支付房费，并通过发票报销，常用的财务备注为"All POA"（在前台自付全部费用）。

通过传统旅行社预订的散客或旅行团的房费大多直接由旅行社提前支付给酒店，常用的财务备注包括"RM to TA, oths POA"（房费由旅行社支付，在前台自付其他费用）"RM to PM ××××, no post"（房费转至假房××××，不得挂账）。

对于团队客人，酒店会设立专用假房。接待员仅需要把账单全部转至假房，销售部对接工作人员会与团队负责人统一核对账单并结账。常用的财务备注为"RM to PM ××××, no post"（房费转至假房××××，不得挂账）。

讨论

通常情况下，在第三方预订平台预订的客人占酒店住客的比例应控制在多少以内？

提示

公司挂账是指通过公司预订的客人不必在退房时自行结账，所有房费会统一转至某应收账户，由财务部与公司按月结算。

一、问候并了解客人的入住体验

具体内容可以参考本模块任务 1。

二、查看账单

想一想

在系统中，可以通过哪几种方法找到李先生的账单？

1. 打开系统（收银）中的账务管理页面，输入客人的房间号或姓名，搜索客人的账单。

图 4-2-4　账单查询页面

2. 双击鼠标，打开账务管理详情页面。

图 4-2-5　账务管理详情页面

通过红色方框内的信息可知，李先生与王女士处于同一散客团内，两个房间的总房费是 1800 元。通过蓝色方框内的财务备注信息可知，李先生要在前台自付全部费用，并为 1107 房间的王女士支付房费。

图 4-2-6　账务管理详情页面（局部）

3. 打开王女士的账单，通过财务备注信息可知，王女士的房费由 1108 房间的李先生支付。

图 4-2-7　1107 房间的账务管理详情页面（局部）

注意事项

P/B 和 P/F 应成对出现，如果只有 1108 房间的财务备注中有"为 1107 房间王女士支付所有费用"的信息，为避免王女士曾在入住期间换房，应：

（1）查看两间房间是否属于同一散客团，如属于同一散客团，则可以与李先生再次确认。

（2）确认房间 1107 入住人是否为王女士。如果是王女士，则与客人再次确认。如果不是王女士，则可以通过查询王女士的姓名（或预订确认号），找到其入住的房间号后与李先生确认。

三、询问客人的额外消费并核对账单

1. 询问客人是否有额外消费。如果客人有额外消费，请及时更新账单。

2. 询问客人是否需要为其他客人支付房费。只有客人在入住时主动告知其将为其他客人支付房费时，财务备注处才会出现 P/B 和 P/F。退房时，与客人再次确认可以避免客人因某些原因拒绝为其他客人支付房费。

3. 询问客人对账单是否有特殊要求。有时，客人会有分账单的要求。

4. 根据客人的要求准备账单，打印后请客人确认。

讨论

如果客人在办理退房手续时拒绝为其他客人支付房费，应如何处理？

试一试

请尝试在系统中把 A 房间的账单全部转移至 B 房间。可以使用多种方法。

XX Li			预定确认号：2004140020		
			房间号码：1108		
			到店日期：2020-04-14		
Li,XX			离店日期：2020-04-14		
INFORMATION INVOICE			页数：1		
会员卡号：			账单号码：		
团队代码：			收银号：Lian Yu Qin		
公司名称：			应收号码：		
			日期：2022/09/16 18:49		

日期	账目说明	备注	消费 人民币	付款 人民币	增值税 人民币
2020-04-14	房费		1000.00		0.00000
2020-04-14	房费；[2004140021]Wang,YY(1107)		800.00		0.00000
		总计	1800.00	0.00	
		应付总额	1,800.00	人民币	

本人，下文署名人，兹确认接受本账单所列的全部产品和服务，并同意账单所开列的金额。本人同意，当任何有支付本账单义务的第三方未能缴纳或延迟支付本账单的全部或部分应付款项时，本人并未被免除本账单的付款义务，因此对付清本账单的全部应付未付款项仍

客人签字 _____

图 4-2-8　预览账单

示例：

接待员：李先生，我注意到，您还将为 1107 房间的王女士支付所

有费用，对吗？

客人：对。

接待员：好的，您对账单有什么特殊要求吗？我能否把王女士的账单转移至您的房间统一结账？

客人：可以。

四、结账并准备账单和发票

1. 在系统中的账务管理页面点击退房按钮。

图4-2-9 在系统中的账务管理页面点击退房按钮

提示

点击不关闭账单，意味着客人已经离店，但账单仍需调整。

2. 如果账单已确认无误，则点击正常退房。如果仍需要调整账单，则点击不关闭账单。

图4-2-10 在系统中的账务管理页面选择一种退房方式

3. 系统自动弹出付款页面，与客人确认付款方式。

图4-2-11 现金支付的付款页面

图 4-2-12 信用卡支付的付款页面

4. 点击入账，系统自动生成最终账单。请客人签字后询问客人是否需要账单和发票。

客人账单

XX Li			预定确认号：2004140020
			房间号码：1108
			到店日期：2020-04-14
			离店日期：2020-04-14
Li,XX			页数：1
INFORMATION INVOICE			账单号码：
会员卡号：			收银号：Trainee2001
团队代码：			应收号码：
公司名称：			日期：2022/10/28 12:54

日期	账目说明	备注	消费 人民币	付款 人民币	增值税 人民币
2020-04-14	房费		1000.00		0.00000
2020-04-14	房费：[2004140021]Wang,YY(1107)		800.00		0.00000
2020-04-14	现金			1800.00	0.00000
		总计	1800.00	1800.00	
		应付总额	0.00	人民币	

本人，下文署名人，兹确认接受本账单所列的全部产品和服务，并同意账单列列的金额。本人同意，当任何付款本账单义务到第三方未能或者延迟支付本账单的全部或部分应付款项时，本人并未被免除本账单的付款义务，因此对付清本账单的全部应付未付明款仍负有个人责任，若以被酒店以可冻结之信用卡支付本账单的，本人以下签章即视同本人在相关信用卡凭证上的签章。

客人签字 ＿＿＿＿＿＿＿＿

图 4-2-13 正式账单示例

提示

正式账单的应付总额应为 0，表示账单已结清。

五、礼貌道别

具体内容可以参考本模块任务1。

 总结评价

依据世界技能大赛酒店接待项目对于退房内容的相关评分细则，评分方式分为"客观"和"主观"两部分。"客观"部分主要评判待客过程中有无步骤和语言上的遗漏，如无特殊说明，只有"全部得分"和"不得分"两种情况。"主观"部分则根据选手的表现进行权重打分。请将分值除以 3 后乘以该项的权重，计算该项的最终成绩。

表 4-2-2 客观评分表

序号	评价项目	评价标准	分值	得分
1	问候并了解客人的入住体验	礼貌问候客人并主动为客人提供帮助	0.5	
		礼貌请求客人告知房间号并交还房卡	1	
		在系统中核对客人的姓名,并在接待过程中至少三次称呼客人姓氏	1	
		礼貌询问客人的入住体验	1	
2	询问客人的额外消费并核对账单	询问客人是否有额外消费	1.5	
		更新并打印账单,请客人确认并签字	1.5	
3	结账并准备账单和发票	询问客人的付款方式并结账,在系统中办理退房手续	1.5	
		根据客人的要求,正确为客人准备账单和发票	0.5	
4	礼貌道别	主动为客人提供行李运送服务	1	
		主动为客人提供交通或同品牌酒店的预订服务	1	
		提醒客人取回保险箱内的贵重物品	1	
		再次感谢客人惠顾,祝客人旅途愉快	1	
	总分		12.5	

表 4-2-3 主观评分表

序号	评价项目	评价标准	分值	权重	得分
1	寒暄	未寒暄	0	5	
		仅有简单寒暄,但未对客人的回复做出反应	1		
		自然地与客人寒暄,建立良好的沟通氛围	2		
		自然地与客人寒暄,建立良好的沟通氛围,并根据客人的情况,安排客人下次入住酒店	3		
2	增值销售	未进行增值销售	0	5	
		仅额外告知客人酒店的一项设施与服务,但未尝试销售	1		
		有针对性地增值销售酒店的一项设施与服务	2		
		有针对性地增值销售酒店两项及以上的设施与服务	3		

（续表）

序号	评价项目	评价标准	分值	权重	得分
3	信心	没有信心，压力大，不专心	0	4	
		几乎没有信心	1		
		自信，冷静	2		
		自信，冷静，细心待客	3		
总分					

一、对于 VIP 客人，退房接待时有哪些注意事项？

　　VIP 客人退房时，酒店前厅部会提前一天准备账单，放置在书桌等显眼位置，并随账单附上管理层留言，感谢客人选择酒店，还会主动询问客人是否需要开具发票、安排离店车辆、协助运送行李等。对于顶级 VIP 客人，酒店管家还会在得到客人允许后为其打包行李。

想一想

如何在系统中提前打印包含所有房费的完整账单？

二、对于残障客人，退房接待时有哪些注意事项？

　　这里重点介绍视力障碍客人和借助轮椅出行客人的接待注意事项。

　　对于视力障碍的客人，接待员应通过语言与其确认账单明细，把签字笔递到客人手中，并在得到客人允许后，引导其在指定位置签字。此外，接待员还应主动为其提供行李打包及运送服务、安排车辆等。

　　对于借助轮椅出行的客人，接待员应走出柜台，半蹲着与其沟通（视线保持平行），并主动为其提供行李打包及运送服务、安排车辆等。

三、对于在酒店意外受伤的客人，退房接待时有哪些注意事项？

　　对于在酒店意外受伤的客人，接待员在退房接待时应再次向客人表示关心，询问其伤情是否好转，并对发生相关事件表示遗憾。如果客人因受伤腿脚不便，可以视情况为其提供行李运送服务。此外，还可以向其推荐酒店车辆接送服务，由酒店机场代表协助其办理登机手续。

想一想

接待员如何知道客人在酒店意外受伤？

四、对于在入住期间投诉的客人，退房接待时有哪些注意事项？

对于在入住期间投诉的客人，当班大堂经理在退房接待时应再次向客人表示关心，并对发生相关事件表示抱歉。为改善客人对酒店的不良印象，还可以向客人赠送纪念品。

 思考与练习

一、思考题

1. 活动中讨论了 1108 房间的财务备注是"为 1107 房间的王女士支付全部费用"的处理方式。如果王女士独自一人前来退房，且只有 1107 房间的财务备注处有"由 1108 房间的李先生支付全部费用"的信息，两间房并未建立散客团，应如何处理？

2. 1108 房间的李先生为 1107 房间的王女士支付全部费用。如果 1108 房间的李先生早于 1107 房间的王女士退房，应如何处理？

二、技能训练题

某天，张女士来到前台办理退房手续。张女士是×××公司的员工，2 晚房费由×××公司支付，无其他消费。入住期间，张女士意外摔倒，扭伤了脚踝，无法行走。请你扮演接待员小李，为张女士办理退房手续，并保证其后面的行程不受影响。

模块五
后台

模块一至模块四介绍了酒店前台接待员与客人直接接触时应掌握的相关技能。但接待员的工作不局限于此，还包括核算关键数据、回复客信等在后台完成的一系列不与客人直接接触，但与酒店整体运营和客人满意度息息相关的支持性工作。

本模块分为两个任务：任务1，核算关键数据；任务2，信函写作。任务1主要介绍了酒店平均房价、出租率、每间可售房收入等关键数据的计算方法以及酒店整体运营情况的分析方法；任务2主要介绍了预订确认信、投诉信的回复技巧与模板。

图 5-0-1　世界技能大赛的后台竞赛区

任务 1　核算关键数据

学习目标

1. 能了解酒店日用房、免费房、维修房、故障房、自用房等房态的含义。
2. 能理解酒店动态定价法的实施方法和无限制市场需求的计算方法。
3. 能根据公式正确计算与酒店收益相关的关键数据。
4. 能计算平均房价指数、市场渗透指数、每间可售房收入指数，并分析酒店运营情况。
5. 能在核算酒店关键数据的过程中做到细心、耐心、用心，确保数据计算准确，结果清晰且便于阅读。

情景任务

凌晨 3：00，酒店系统意外故障，无法自动计算酒店收益报表，请你作为当天夜班的当班经理，手动核算酒店收益情况，并在简单分析后上报前厅部经理。

提示

当班经理在酒店运营中发挥着至关重要的作用，负责处理班次内发生的突发情况、客人投诉，并整体把控当天的客房收入情况。

思路与方法

酒店客房数量有限且无法保存，只有把尽量多的客房以尽量高的价格出售，才能使酒店收益最大化。通过核算关键数据，酒店管理者能快速了解酒店客房的整体收益情况，预测市场需求，通过开展促销活动或提高房价等方式，增加酒店整体收益。

一、哪些关键数据与酒店收益情况息息相关？

与酒店收益情况息息相关的关键数据主要包括：（1）平均房价（Average Daily Revenue，简称 ADR）；（2）出租率（Occupancy，简称 OCC）；（3）每间可售房收入（Revenue Per Available Room，简称 Rev PAR）；（4）平均房价指数（即 ADR Index）；（5）市场渗透指数（即 OCC Index）；（6）每间可售房收入指数（即 Rev PAR Index）。

查一查

酒店管理者还会参考哪些关键数据以了解酒店整体运营情况？

平均房价与出租率密切相关。在市场条件不变的情况下，降低平均房价，出租率就会提高；保持较高的平均房价，则会使出租率下降。

每间可售房收入能够反映酒店的整体运营情况。平均房价指数、市场渗透指数、每间可售房收入指数则主要反映酒店相比竞争群酒店在平均房价、出租率、每间可售房收入上的表现。

想一想

如果该年9月17日和18日恰逢周六和周日，酒店入住率低于工作日入住率，上海公园大酒店有可能是哪种类型的酒店？

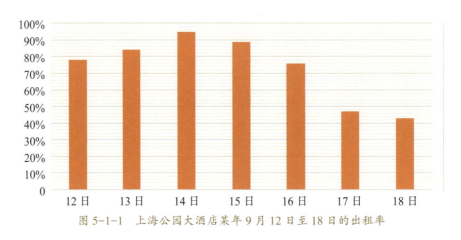

图 5-1-1　上海公园大酒店某年 9 月 12 日至 18 日的出租率

二、计算不同关键数据的公式分别是什么？

不同关键数据的计算公式见表 5-1-1。

提示

酒店可以根据自身需要来定义细分市场，通常为与本酒店有一定竞争关系的某类酒店的集合，即"竞争群酒店"。

表 5-1-1　计算公式

总可出租房晚数 = 房间数量 × 天数
当日可出租房晚数 = 总可出租房晚数 - 维修房数 - 故障房数 - 正常入住的房数等
平均房价 = 客房总收入 ÷ 已出租房晚数
出租率 = 已出租房晚数 ÷ 可出租房晚数 × 100%
每间可售房收入 = 客房总收入 ÷ 可出租房晚数 = 平均房价 × 出租率
平均房价指数 = 本酒店平均房价 ÷ 细分市场平均房价 × 100%
市场渗透指数 = 本酒店出租率 ÷ 细分市场出租率 × 100%
每间可售房收入指数 = 本酒店每间可售房收入 ÷ 细分市场每间可售房收入 × 100%

三、平均房价指数、市场渗透指数、每间可售房收入指数分别是什么意思？其计算结果如何体现酒店运营情况？

不同指数的含义及其反映的酒店运营情况见表 5-1-2。

表 5-1-2　不同指数的含义及其反映的酒店运营情况

指数名称	指数含义	指数反映的酒店运营情况	应对策略
平均房价指数	对比酒店与细分市场其他酒店的平均房价	1. 平均房价指数 >100%，说明酒店的平均房价高于竞争群酒店的平均房价 2. 平均房价指数 <100%，说明酒店的平均房价低于竞争群酒店的平均房价	如果出现第二种情况，应考虑调整酒店产品的定价。例如，可以提高个别畅销但定价较低的房型的价格
市场渗透指数	分析酒店在某个细分市场所占有的份额	1. 市场渗透指数 >100%，说明酒店的市场占有率高于竞争群酒店的市场占有率 2. 市场渗透指数 <100%，说明酒店的市场占有率低于竞争群酒店的市场占有率	如果出现第二种情况，应考虑通过降低房价等方式提高酒店的入住率
每间可售房收入指数	对比酒店与细分市场其他酒店的整体运营情况	1. 每间可售房收入指数 >100%，说明酒店的整体运营情况优于细分市场其他酒店的整体运营情况 2. 每间可售房收入指数 <100%，说明酒店的整体运营情况差于细分市场其他酒店的整体运营情况	如果出现第二种情况，应综合分析酒店的平均房价、出租率、客人满意度、员工满意度等，尽快改善酒店的整体运营情况

四、酒店还有哪些房态？

除了正常入住的房间外，酒店还有日用房、免费房、维修房、故障房、自用房等房态。不同房态的含义见表 5-1-3。是否把上述房间计算在当日可出租房晚数中，会影响酒店平均房价、出租率、每间可售房收入的计算结果。

表 5-1-3　不同房态的含义

房态	英文	含义
日用房	Day Use	日用房是指客人仅使用房间半日，不在酒店房间内过夜的情况。通常情况下，星级酒店不会为客人提供日用房，即使客人不在酒店房间内过夜，酒店仍会收取客人整晚的房费。在日用房客人退房后，酒店可以在重新打扫后把房间出售给其他客人。这也是酒店当日客房收益高于 100% 的原因之一

想一想

突然提高某一产品的价格容易让客人产生抵触情绪，酒店可以通过哪些办法避免客人不满？

讨论

能否在不降低房价的情况下，提高酒店的入住率？

提示

在核算关键数据时，是否把处于免费房、自用房等房态的房间纳入可售房间，由酒店管理者和业主方商定。

（续表）

房态	英文	含义
免费房	Complimentary	免费房是指酒店免费赠送给客人入住的房间，不产生收益。赠送原因包括投诉后的赔偿、活动、会员积分兑换等。通常情况下，已出租房晚数和可出租房晚数中包括免费房
维修房	Out of Service	维修房是指房间内设施设备出现故障，但在当天经过抢修可以售卖的房间。通常情况下，可出租房晚数中包括维修房
故障房	Out of Order	故障房是指房间内设施设备出现故障且当天无法通过修复实现售卖的房间。通常情况下，可出租房晚数中不包括故障房
自用房	House Use	自用房是指酒店内部使用的房间，不产生收益。内部使用原因包括酒店管理者值班或长住、临时放置物品等。通常情况下，可出租房晚数中不包括自用房

试一试

请在系统中，把某房间设置为维修房。

活动

活动一：酒店关键数据核算

上海公园大酒店共有 110 间客房。××××年 7 月至 12 月的收益情况见表 5-1-4，其中，9 月 20 日至 23 日，每晚都有 2 间房是故障房。请完成以下数据的计算：（1）计算 7 月的平均房价；（2）计算 9 月的出租率；（3）计算 11 月的每间可售房收入；（4）计算 7 月至 12 月的总体每间可售房收入。

提示

故障房不计入可出租房晚数。

表 5-1-4　上海公园大酒店 ××××年 7 月至 12 月的收益情况

××××年	7 月	8 月	9 月	10 月	11 月	12 月
当月已出租房晚数（晚）	2479	2580	2613	3028	2217	2783
当月客房总收入（元）	3106187	3302400	3396900	3972736	2642664	3626249

步骤与要点：

1. 计算 7 月的平均房价

（1）写明计算公式

平均房价 = 客房总收入 ÷ 已出租房晚数

（2）代入数据并计算结果

7 月的平均房价 = 7 月的客房总收入 ÷ 7 月的已出租房晚数 = 3106187 ÷ 2479 = 1253（元）

2. 计算 9 月的出租率

（1）写明计算公式

出租率 = 已出租房晚数 ÷ 可出租房晚数 ×100%

（2）计算 9 月的可出租房晚数

因为 9 月有 30 天，且其中 3 晚，每晚都有 2 间故障房。

所以可出租房晚数 = 30×110 − 3×2 = 3294（间）

（3）代入数据并计算结果

9 月的出租率 = 9 月的已出租房晚数 ÷ 9 月的可出租房晚数 ×100% = 2613 ÷ 3294 ×100% = 79.33%

3. 计算 11 月的每间可售房收入

（1）写明计算公式

每间可售房收入 = 客房总收入 ÷ 可出租房晚数 = 平均房价 × 出租率

（2）计算 11 月的可出租房晚数

11 月有 30 天，可出租房晚数 = 30×110 = 3300（间）

（3）代入数据并计算结果

11 月的每间可售房收入 = 11 月的客房总收入 ÷ 11 月的可出租房晚数 = 2642664 ÷ 3300 = 800.81（元）

4. 计算 7 月至 12 月的总体每间可售房收入

（1）写明计算公式

每间可售房收入 = 客房总收入 ÷ 可出租房晚数 = 平均房价 × 出租率

（2）计算 7 月至 12 月的客房总收入

7 月至 12 月的客房总收入 = 3106187 + 3302400 + 3396900 + 3972736 + 2642664 + 3626249 = 20047136（元）

（3）计算 7 月至 12 月的可出租房晚数

7 月、8 月、10 月、12 月分别有 31 天，每月可出租房晚数 = 31×110 = 3410（间）

9 月有 30 天，且其中 3 晚，每晚都有 2 间故障房，可出租房晚数 = 30×110 − 3×2 = 3294（间）

11 月有 30 天，可出租房晚数 = 30×110 = 3300（间）

7 月至 12 月的可出租房晚数 = 4×3410 + 3294 + 3300 = 20234（间）

（4）代入数据并计算结果

7月至12月的总体每间可售房收入＝7月至12月的客房总收入÷7月至12月的可出租房晚数＝20047136÷20234＝990.76（元）

5. 汇总计算结果

（1）7月的平均房价为1253元；

（2）9月的出租率为79.33%；

（3）11月的每间可售房收入为800.81元；

（4）7月至12月的每间可售房收入为900.76元。

活动二：酒店与竞争群酒店的关键数据对比

上海公园大酒店共有110间客房，××××年9月22日，酒店和附近5家竞争群酒店的运营情况如表5-1-5和表5-1-6所示，请核算关键数据，把计算结果填入表5-1-7，并分析上海公园大酒店在××××年9月22日的运营情况。

表5-1-5 ××××年9月22日上海公园大酒店的相关运营数据

客房数	故障房数	已出租房晚数	客人数量	客房总收入
110间	2间	95间	156人	122075元

表5-1-6 ××××年9月22日5家竞争群酒店的运营情况

平均出租率	平均房价
86.20%	1289元

表5-1-7 核算上海公园大酒店的关键数据

平均房价	出租率	每间可售房收入	平均房价指数	市场渗透指数	每间可售房收入指数

步骤与要点：

1. 计算平均房价

平均房价＝客房总收入÷已出租房晚数＝122075÷95＝1285（元）

2. 计算出租率

出租率＝已出租房晚数÷可出租房晚数×100%＝95÷（110－2）×100%＝87.96%

3. 计算每间可售房收入

每间可售房收入＝客房总收入÷可出租房晚数＝122075÷（110-2）＝1130.32（元）

4. 计算平均房价指数

平均房价指数＝本酒店平均房价÷细分市场平均房价×100%＝1285÷1289×100%＝99.69%

5. 计算市场渗透指数

市场渗透指数＝本酒店出租率÷细分市场出租率×100%＝87.96%÷86.20%×100%＝102.04%

6. 计算每间可售房收入指数

每间可售房收入指数＝本酒店每间可售房收入÷细分市场每间可售房收入×100%＝1130.32÷（86.20%×1289）×100%＝101.73%

7. 汇总计算结果

汇总后的计算结果见表5-1-8。

表 5-1-8　核算上海公园大酒店的关键数据计算结果汇总

平均房价	出租率	每间可售房收入	平均房价指数	市场渗透指数	每间可售房收入指数
1285 元	87.96%	1130.32 元	99.69%	102.04%	101.73%

8. 根据上述关键数据，分析上海公园大酒店的运营情况

××××年9月22日，上海公园大酒店每间可售房收入指数为101.73%，高于100%，整体表现优于竞争群酒店；平均房价指数为99.69%，低于100%，说明上海公园大酒店的平均房价低于竞争群酒店的平均房价；市场渗透指数为102.04%，高于100%，说明上海公园大酒店的客房出租率高于竞争群酒店的客房出租率。未来，上海公园大酒店还可以通过售卖"房晚＋餐饮"套餐、"房晚＋SPA"套餐等方式逐步提高房价。

想一想

还可以从上述数据中得到哪些信息？

总结评价

依据世界技能大赛酒店接待项目对于计算题的相关评分细则，评分方式分为"客观"和"主观"两部分。"客观"部分主要评判后台计算过程中有无步骤上的遗漏或计算上的错误，如无特殊说明，只有"全部得分"和"不得分"两种情况。"主观"部分则根据选手的表现进行权重打分。请将分值除以3后乘以该项的权重，计算该项的最终成绩。

表 5-1-9　客观评分表

评价项目	评价标准	分值	得分
计算结果	能根据题目要求,正确计算平均房价	1.5	
	能根据题目要求,正确计算出租率	1.5	
	能根据题目要求,正确计算每间可售房收入	1.5	
	能根据题目要求,正确计算平均房价指数	1.5	
	能根据题目要求,正确计算市场渗透指数	1.5	
	能根据题目要求,正确计算每间可售房收入指数	1.5	
总分		9	

表 5-1-10　主观评分表

序号	评价项目	评价标准	分值	权重	
1	数据分析	未对数据进行分析	0	5	
		数据分析不全面或有部分错误	1		
		数据分析基本完整,但遗漏了部分细节	2		
		对数据进行了全面、完整、准确的分析,结论符合酒店和市场的实际情况	3		
2	报告呈现形式	报告杂乱无章,难以辨别结果	0	3	
		能按题目顺序书写报告,但未计算汇总结果,难以阅读	1		
		按题目顺序书写报告,计算步骤清晰,计算结果经汇总后便于阅读	2		
		按题目顺序书写报告,计算步骤清晰,计算结果经汇总后便于阅读,整体布局合理	3		
总分					

 拓展学习

试一试

请选择一家酒店,并通过调研为其寻找合适的竞争对手。

一、酒店在确定竞争对手时主要考虑哪些因素?

　　酒店的目标客源越相似,互相替代的可能性越大,彼此的竞争就越激烈。通常情况下,酒店会确定四至五家酒店作为本酒店的竞争对手,并按其与本酒店的互相替代程度、对相关细分市场的影响程度进行排

序,列出本酒店的第一位竞争者、第二位竞争者、第三位竞争者等。酒店在确定竞争对手时主要考虑以下因素:(1)酒店的客源构成相似;(2)酒店的定位相同;(3)酒店所处的地理位置相近。

二、为什么要采取动态定价法? 动态定价法的实施方法是什么?

　　酒店客房数量有限且无法保存,酒店管理者通过收益管理可以大幅度提高酒店收益。在各类收益管理的定价方法中,动态定价法作为以市场竞争为中心的定价方法,较为常用。动态定价法建立在分析预测和市场变动的基础上,能较大限度地提高产品的销售量、销售价格和总体收益,具有一定的优越性。

　　应用动态定价法时,酒店管理者必须先准确预测整体市场的无限制市场需求,并通过分析,进一步预测各细分市场的需求变动情况,再根据预测情况,确定把多少产品、以什么价格、通过哪些销售渠道、卖给哪一细分市场,并适当设置限制条件,控制产品销售的进度及其在各细分市场、销售渠道的销售情况,从而达到细分市场、销售价格、销售渠道的最佳组合,实现整体收益的最大化。在市场需求较大的时候,可以适当上调价格。

　　其中,无限制市场需求是指假设酒店无房间数限制情况下的住店客人数。无限制市场需求 = 已经出租的客房间数 + 本来可以出租但没有出租的客房间数(酒店因满房拒绝的预订)- 订了房但没来入住的订房数 - 取消的订房数 + 因超额订房安排到其他酒店入住的客房间数。预测无限制市场需求可以帮助酒店管理者了解各细分市场客人的价格敏感度,从而把有限的客房卖给愿意出更高价格的客人。

查一查

请查找相关资料,了解千分之一法、成本加成法、盈亏平衡分析与目标利润定价法。

想一想

酒店有哪些细分市场和销售渠道?

思考与练习

一、思考题

　　1. A 酒店共有 188 间客房,昨晚在住 112 间,其中有 2 间为免费房,今天有 1 间维修房,当前预抵 45 间,预离 12 间,请问 A 酒店当前可售房间数是多少?

　　2. B 酒店共有 350 间客房,平均房价为 680 元,昨晚在住 317 间,其中有 1 间维修房和 1 间值班房。请问 B 酒店昨晚每间可售房收入为多少? 如果希望过夜每间可售房收入达到 630 元,出租率不变,预计平均房价为多少?

3. 通过活动一的计算结果可知，11 月的每间可售房收入明显低于其他月份，可能的原因有哪些？

二、技能训练题

C 酒店共有 50 间客房，表 5-1-11 是 C 酒店 ×××× 年 1 月至 6 月的关键数据汇总表。请把表格填写完整，并计算该酒店上半年的入住率、平均房价、每间可售房收入（请写出完整计算过程）。

表 5-1-11　C 酒店 ×××× 年 1 月至 6 月的关键数据汇总表

××××	1月	2月	3月	4月	5月	6月
已出租客房数（间）	1287	1256	1425	1380	1275	1302
自用房数（间）	2	2	1	2	2	3
故障房数（间）	0	1	1	3	2	0
客房总收入（元）	637049.07	651981.15	715834.50	687653.16	626292.75	655791.36
入住率（%）						
平均房价（元）						
每间可售房收入（元）						

任务2　电子信函写作

学习目标

1. 能了解中英文信函的写作规范。
2. 能根据中英文信函写作规范,回复投诉信和第三方平台留言,完成预订确认信的写作。
3. 能根据中英文信函写作规范,回复客人的旅游咨询邮件,为客人合理安排行程。
4. 能根据客人的需求,通过信函写作的方式,有针对性地为其推荐酒店房型、设施与服务。
5. 能高度重视客人的隐私与信息安全,不外泄客人的邮箱、电话、信用卡号等信息。

情景任务

　　你是上海公园大酒店的一名接待员。由于今天的入住率较低,当班经理安排你在前台办公室内,为刚刚通过电话预订房间的王先生准备预订确认信并回复其他客人的邮件。

　　在浏览未读邮件时,你注意到酒店邮箱内有一封来自李先生的投诉信。请你在完成预订确认信后,再写一封投诉回复信,经当班经理同意后发送至李先生的邮箱。

提示

(1)本任务中提及的信函均为电子信函;
(2)本任务中所有以电子邮件附件形式发送的信函,均使用邮箱地址代替真实地址。

思路与方法

　　中英文信函写作是接待员必须熟练掌握的能力。为了规范、高效地书写信函,接待员应熟悉信函的格式和写作规范,掌握客房预订咨询、预订确认信、旅游推荐和行程安排、投诉回复信、第三方平台留言回复等情景中的信函写作方法。

一、酒店有哪些常见的信函写作情景？

1. 客房预订咨询（Room Inquiry）。公司、旅行社预订酒店客房时，为保留沟通记录，通常使用邮件预订。部分国外客人更愿意使用邮件咨询酒店客房预订信息。

2. 预订确认信（Confirmation Letter）。为确保预订信息准确无误，酒店会通过邮件、短信等形式向客人发送预订确认信。预订确认信是客人的订房凭证，国外客人在申请签证时需要向相关部门出示酒店发送的预订确认信。

3. 旅游推荐和行程安排（City Tour）。已经订房的客人如果通过邮件询问当地旅游景点或线路，酒店礼宾部需要为客人定制旅游线路，安排游玩行程。该需求常见于不熟悉当地情况，或较难获取当地旅游信息的国外客人。

4. 投诉回复信（Complaint Reply）。部分客人在入住期间或退房后，会采用邮件投诉的形式，告知酒店其在住店期间发生的不愉快事件。

5. 第三方平台留言回复（OTA Complaint）。部分客人在入住期间或退房后，会通过第三方平台留言，所有在相关平台搜索酒店评论的客人都可以看到这些客人的留言和酒店的回复。

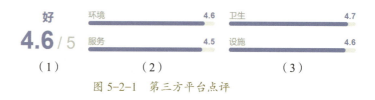

图 5-2-1　第三方平台点评

二、酒店中英文信函写作有哪些注意事项？

撰写中英文信函时，应注意表达清晰、简洁、具体、完整，语言要有礼且谦虚，避免过于口语化的单词、意思不明确的句子及冗长、重叠的表达方式。在发送邮件或信函前，应认真检查拼写、格式和标点符号的使用，避免低级错误。及时回复客人的邮件与信函也是礼貌的表现。

对于篇幅较长的邮件，酒店通常会采用"邮件＋信函"的形式回复。同时，为确保酒店发出的所有邮件、信函风格一致，大部分酒店的邮件署名、信函的信头、字体、字号、颜色等都有模板，部分酒店还规定了常见信函写作情景的具体内容和文字表达方式，员工不得随意修改。

在发送邮件时，应填写收件人邮箱地址和主题，主题应简短表明邮件的主要内容。可以根据需要抄送或密送其他收件人。中文邮件一般由称呼、启词、正文、结尾、祝颂词、署名、日期组成，英文邮件一般由称呼、正文、结尾敬词、署名组成。中英文信函的组成与邮件类似，但正文的内容更为丰富，应注意分段，便于客人阅读。

查一查

抄送和密送有什么不同？

三、酒店预订确认信的正文部分应包括哪些内容？

1. 问候并感谢客人选择酒店。

2. 重复客人的姓名、预订确认号、抵店日期、退房日期、入住人数、房间数、预订房型、每晚房价、总房费、餐饮套餐、特殊要求。预订确认信的具体内容见表5-2-1。

表5-2-1　预订确认信的具体内容

姓名	张三
预订确认号	987278
抵店日期	2022年9月20日
退房日期	2022年9月23日
入住人数/房间数	2/1
预订房型	花园景观房
每晚房价（含税和服务费）	¥1100,00
总房费（含税和服务费）	¥3300,00
餐饮套餐	每晚包含2份早餐
特殊要求	安静、低楼层的房间

提示

在国内，通常会告知客人税后价格。

3. 告知客人房价已包含的权益，如免费享用早餐、无线网、健身房、游泳池。

4. 回复客人的特殊要求。

5. 根据客人的情况，有针对性地增值销售酒店的机场接送等服务并告知客人价格。

6. 告知客人酒店相关规章制度，如入住时间、退房时间、预订担保、取消规定。

7. 再次感谢客人，主动为客人提供帮助，期待与客人见面。

四、回复通过邮件询问酒店客房信息的客人邮件时，正文部分应包括哪些内容？

1. 感谢客人有意向选择酒店。

提示

预订确认信中还可以附上酒店周边的地图信息和客人入住期间的天气情况、穿衣指南等。

2. 确认客人的需求，包括客人的姓名、抵店日期、退房日期、入住人数、房间数、特殊要求。邮件的具体内容见表 5-2-2。

表 5-2-2　邮件的具体内容

姓名	张三
抵店日期	2022 年 9 月 20 日
退房日期	2022 年 9 月 23 日
入住人数 / 房间数	2/1
特殊要求	安静、低楼层的房间

想一想

为什么要给客人推荐 2 种房型？

3. 根据客人的情况，推荐 2 种适合客人的房型并告知客人每晚房价和总房费。

4. 告知客人房价已包含的权益，如免费享用早餐、无线网、健身房、游泳池。

5. 回复客人的特殊要求。

6. 根据客人的情况，有针对性地增值销售酒店的机场接送等服务并告知客人价格。

7. 告知客人酒店相关规章制度，如入住时间、退房时间、预订担保、取消规定。

想一想

为什么需要客人提供航班信息？

8. 请客人告知房型、预计抵达时间、航班信息、易过敏食品或特殊要求、信用卡信息等。

9. 再次感谢客人，主动为客人提供帮助，期待与客人见面。

五、回复希望酒店安排旅游行程的客人邮件时，正文部分应包括哪些内容？

1. 问候并感谢客人选择酒店。

2. 重复并确认客人的旅游偏好和兴趣。

提示

使用图片、表格等形式可以让行程和交通安排生动、直观。

3. 根据客人的需求，使用文字说明、图片、表格等形式，为客人详细介绍行程和交通安排。

4. 告知客人此次行程的预计价格以及该价格已包含的权益。

5. 根据客人的情况，有针对性地增值销售酒店的车辆接送等服务并告知客人价格。

6. 再次感谢客人，主动为客人提供进一步的帮助。

六、回复客人发送至酒店邮箱的投诉信的流程是什么？

投诉信回复流程见图 5-2-2。

问候并感谢客人通过邮件告知其在入住期间不愉快的经历。

向客人道歉并表示感同身受。

告知客人酒店已采取的措施，如把相关事件上报酒店管理者、加强对相关员工的培训。

为客人提供赔偿，如赠送免费房券。

再次向客人道歉，表示感谢，期望客人再次到店。

图 5-2-2　投诉信回复流程

想一想

针对客人的投诉，酒店还会采取哪些措施？

活动

活动一：预订确认信撰写（中文）

一、准备

1. 打开 Word 文档。

2. 选择酒店有统一信头的模板页为客人书写信函，见图 5-2-3，也可以根据酒店相关规定设计中文信头。信头应包含发信人名称及地址、标题、函号、收信人姓名及地址。

（1）发信人名称及地址。一般要写酒店全称及详细地址，还可以写明电话号码、邮箱地址、电话、网址等。

（2）标题。酒店发送给客人的信函属于商务信函。商务信函一般应有标题，位置在信文页眉下方，居中书写，内容需要概括出函件的主旨、中心，使收信人通过标题就能大致了解信文的主要内容。

（3）函号。函号即编号，酒店在发送预订确认信等常用信函时，会在标题右下方或信头的左上方注明编号，便于信函管理与查阅。

（4）收信人姓名及地址。一般写收信人姓名及详细地址（或邮箱地址）。

提示

预订确认信的信头通常由系统自动导出。

示例：

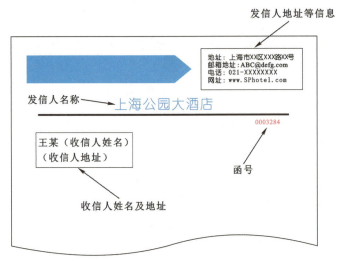

发信人地址等信息

地址：上海市XX区XXX路XX号
邮箱地址：ABC@defg.com
电话：021-XXXXXXX
网址：www.SPhotel.com

发信人名称 —— 上海公园大酒店

0003284

王某（收信人姓名）
（收信人地址）

函号

收信人姓名及地址

图 5-2-3　中文信头示例及详解

二、撰写中文邮件内容

1. 称呼。开头写收信人姓名或收信单位名称，单独成行，顶格书写，称呼后用冒号。称呼是发信人对收信人的尊称，一般使用"敬语＋称谓"的形式，酒店常用"尊敬的 × 先生／女士"开头。

2. 启词。启词是邮件的起首语，有多种表达方式。酒店常用的表达方式包括问候式的"您好"、颂式的"新春大吉""生日快乐"、承前式的"感谢您的来电""感谢您选择 ××× 酒店"等。

3. 正文。正文是邮件的主体，为便于阅读，应根据具体内容分段表述，首行缩进 2 字符。预订确认信包含较多信息，通常采用"邮件＋信函"的形式回复。邮件的正文部分应包括感谢、确认信息、告知附件、主动为客人提供帮助四部分。

（1）感谢。感谢客人选择酒店。

（2）确认信息。简单重复客人的姓名、入住日期、离店日期、预订确认号、房型等重要信息。

（3）告知附件。友情提醒客人查看附件中的预订确认信，确认所有预订信息准确无误。

（4）主动为客人提供帮助。主动提供进一步沟通的机会，表达乐于协助的态度。

4. 结尾。正文结束时，按照惯例需要写感谢类、期待类的话语，如"再次感谢您选择 ××× 酒店，如果您有任何需要或疑问，请随时联系我们""期待与您在 ××× 酒店相会""期待您的回复"。

5. 祝颂词。在邮件的最后写祝颂词是惯例，通常是表达祝愿

想一想

如果不知道客人的姓名，应如何称呼客人？

提示

如果正文部分内容较少，可以直接通过邮件回复客人的问题或提供相关信息。

查一查

商务邮件和私人邮件的结尾有哪些不同？

或致敬，如"此致敬礼""敬祝健康"。祝语一般分两行书写，"此致""敬祝"可以紧随正文，也可以与正文分开。"敬礼""健康"则转行顶格书写。

6. 署名。以酒店名义发送给客人的邮件，署名时应完整写上酒店名称、部门名称、写信人的姓名。署名通常写在结尾后另起一行（或空一至两行）的偏右下方位置，商务邮件也可以选择靠左署名。

7. 日期。日期必须准确，一般写在署名的下一行。

示例：

尊敬的王先生：

　　您好！

　　感谢您于××××年1月5日致电上海公园大酒店。您已成功预订××××年2月1日至××××年2月3日的1间大床房，1人入住，预订确认号为827362。预订确认信详见附件（附件内容略）。

　　再次感谢您选择上海公园大酒店，如果您有任何需要或疑问，欢迎您随时联系我们。期待与您在上海公园大酒店相会。

　　此致，

敬礼！

上海公园大酒店预订部（姓名）

××××年1月5日

> **注意事项**
>
> 　　通常，酒店会直接通过邮件回复客人的简单问询或需求。回复邮件时，为方便其他同事快速了解事件始末和完整对话，应通过"回复"键直接回复当前邮件，而非通过"写邮件"的形式重新发送邮件给客人。投诉类邮件的回复还应抄送部门经理。

提示

在中国，通过短信形式发送确认信息比通过邮件发送预订确认信更为常见。

三、撰写中文附件内容

撰写中文附件内容包括以下步骤：

1. 在信头收信人姓名及地址部分准确填写客人姓名及地址。

2. 顶格书写对客人的称呼，如尊敬的×先生、尊敬的总经理×××女士。

3. 另起一行，首行缩进2字符，书写启词，问候客人。

4. 另起一段，首行缩进2字符，感谢客人选择酒店，通过文字、表格

提示

预订确认号是酒店系统自动生成的一串数字，具有唯一性。

等形式重复并确认客人的姓名、预订确认号、抵店日期、退房日期、入住人数、房间数、预订房型、每晚房价、总房费、餐饮套餐、特殊要求等信息。

5. 另起一段，首行缩进2字符，告知客人房价已包含的权益，如免费享用早餐、无线网、健身房、游泳池。

6. 另起一段，首行缩进2字符，回复客人提前入住等需求，或尝试进行增值销售。

提示

为方便客人阅读，建议按照具体内容分段撰写。通常分3段以上。

7. 另起一段，首行缩进2字符，告知客人酒店相关规章制度，如入住时间、退房时间、预订担保、取消规定。

8. 另起一段，首行缩进2字符，再次感谢客人，主动为客人提供帮助，期待与客人见面。

9. 另起一行，首行缩进2字符，书写"此致"。

10. 另起一行，顶格书写"敬礼"。

11. 另起一行或空一至两行，靠右署名，完整书写酒店名称、部门名、写信人的姓名。

12. 另起一行，在署名下方，书写日期，应完整写上年、月、日。

示例：

地址：上海市××区×××路××号

邮箱地址：ABC@defg.com

电话：021-87654321

网址：www.SPhotel.com

上海公园大酒店

0003284

王某（收信人姓名）

（收信人地址）

尊敬的王先生：

您好！

上海公园大酒店向您致以最热烈的问候。非常感谢您选择我们。我们很高兴与您确认以下预订细节。

表5-2-3 预订细节

姓名	王某
预订确认号	827362

（续表）

抵店日期	×××年8月7日
退房日期	×××年8月10日
入住人数/房间数	2/1
预订房型	大床房（含早餐）
每晚房价（含税和服务费）	800元/晚
总房费（含税和服务费）	1600元
交通信息	航班号：AB123 机场接送服务 ☑是　□否
特殊要求	提前入住

入住期间，您可以享受以下权益：

√ 每晚1份早餐；

√ 24小时前台接待服务；

√ 全天候的客房送餐服务、礼宾服务和洗衣服务；

√ 免费使用泳池和健身中心；

√ 免费无线网络；

√ 房内配有自助咖啡机。

机场接送服务：

感谢您选择上海公园大酒店机场接送服务，酒店机场代表将携酒店接机牌于×××年8月7日上午11点在上海浦东国际机场的到达大厅等候您。他将妥善安排您的行李，并亲自陪同您至接送点。接机服务单程的价格为500元。请注意，接机服务的最后修改/取消时间为2022年8月6日。

酒店规章制度：

入住时间：15：00（房间将在上午11点前为您准备好）

退房时间：12：00

预订担保：您的预订已通过×××银行，尾号××××的信用卡担保，有效期（月份/年份），持卡人王某，我们将整晚保留您的预订。

取消规定：对于担保预订，房间将被保留整晚。如果您的行程有任何变化，请于×××年8月6日下午6点前通知我们，以避免支付

提示

信用卡有效期通常以"月份/年份"的形式呈现，如"12/28"可能代表的是2028年12月。

800元（首晚房费）的取消／修改费用。

王先生，再次感谢您选择上海公园大酒店。如果您有任何其他要求，请随时与我们联系。我们将全力以赴为您创造一个难忘的体验。

此致，

敬礼！

上海公园大酒店预订部（写信人姓名）

××××年×月×日

注意事项

预订确认信中必须包括客人的姓名、预订确认号、抵店日期、退房日期、入住人数、房间数、预订房型、每晚房价、总房费、入住时间、退房时间、预订担保、取消规定，并正面回应客人的诉求与询问。

四、发送邮件

1. 打开并登录邮箱。

2. 通读 Word 文档中的信函与邮件内容，检查用词是否准确、句子是否通顺、标点符号的运用是否符合规范。

3. 把信函转为 PDF 格式。

4. 在邮箱内点击"写信"，复制邮件内容至邮件编辑处，调整段落间距与字体，使其美观且符合酒店的定位。

5. 把 PDF 格式的信函添加至邮件附件。

6. 再次通读邮件内容，检查附件名称是否妥当。

7. 填写客人的邮箱地址和主题。邮箱地址应准确无误，主题应简洁清晰。

8. 发送邮件。

想一想

为什么要把信函转为 PDF 格式？

想一想

为什么要最后填写客人的邮箱地址和主题？

活动二：投诉信回复（英文）

一、准备

1. 打开 Word 文档。

2. 选择酒店有统一信头的模板页为客人书写信函，见图 5-2-4，也可以根据酒店相关规定设计英文信头。英文信头位于信函的上部，包含酒店名称及地址、信内地址、日期、函号、主题。

（1）酒店名称及地址。除酒店名称和详细地址外，还可以增加邮编、电话、网址等。设计时，建议把酒店名称适当放大并居中摆放。

（2）信内地址。收信人姓名及地址（如果信函通过邮件附件形式发送，可以填邮箱地址）通常位于酒店地址下方，靠左顶格书写。

（3）日期。英文日期的写法有三种，即"10th March 2001""March 10, 2001""March 10th, 2001"，位于收件人姓名及地址下方，右对齐。

（4）函号。可以参考中文信函的函号。

（5）主题。位于日期下面一行，通常采用大写或画底线形式标注，使收信人一看便知其内容，事由一般言明信件的主题。

示例：

图 5-2-4　英文信头示例及详解

二、撰写英文邮件内容

1. 称呼。开头写收信人尊称，单独成行。酒店常用"Dear Mr. + 姓（Surname）"来称呼男性客人，用"Dear Ms. + 姓（Surname）"来称呼女性客人，除非女性客人明确告知，希望酒店称呼其为"Mrs./Miss. + 姓（Surname）"。如果收信人为 VIP 客人，称呼也要相应改变。如写信给大使时，应使用"To Mr./Mrs. Ambassador + 姓（Surname）"。

2. 问候。另起一段，顶格书写。酒店常用问候语包括"Warmest greetings from Shanghai Park Hotel.""We hope this email finds you well."。

3. 说明来信原因。感谢客人通过邮件向酒店反映相关情况。酒店常用句式包括"I'm writing to ...""Thank you for sharing your valuable feedback with us."。

4. 邀请客人查看附件中的回复。相比其他信函，投诉信回复更为敏感，使用附件回复客人投诉能便于客人选择合适的空间与时间阅读回信。酒店常用句式包括"Please find our sincerest reply in the attachment.""We have enclosed the reply in the attachment."。

5．结尾敬语。正文后另起一行，顶格书写。英文邮件的结尾敬语比较简单，通常包括"Best regards.""Kind regards.""Best wishes.""Regards."等。

6．署名。署名应在结尾敬语后，靠左顶格书写。可以按照写信人的姓名、部门名称、酒店名称的顺序署名。

示例：

To: Li, (客人邮箱)

From: Shanghai Park Hotel, (酒店邮箱地址)

Subject: Reply to your feedback

Date:Aug 6th,2022

Dear Ms. Li,

Warmest greetings from Shanghai Park Hotel. Thank you so much for sharing your valuable comments with us via email. We do appreciate it. Please find our sincerest reply from our General Manager in the attachment.

Best regards,

(写信人姓名)

Guest Relation Manager

Shanghai Park Hotel

三、撰写英文附件内容

撰写英文附件内容包括以下步骤：

1．在信头收信人姓名及地址部分准确填写客人姓名及地址。

2．顶格书写对客人的称呼，如"Dear Mr. ＋姓（Surname）"。

3．另起一段，说明写信缘由。问候并感谢客人通过邮件向酒店反映情况。如果有必要，还可以在此处进行自我介绍。

4．另起一段，向客人道歉。如果酒店对客人的糟糕体验负有主要责任，则应真诚、正式地向客人道歉，对客人的情绪表示理解。如果酒店对客人的糟糕体验不负有主要责任，则应对客人的经历表示遗憾与同情。

5．另起一段，告知客人酒店采取的措施。向客人表明酒店高度重视其反馈的情况，并已经采取了相应的措施，如制定规章制度、加强对相关员工的培训，保证该类事件不会再次发生。

6．另起一段，告知客人酒店的处理办法。根据酒店在该次投诉中应负责任的大小，向客人提出处理办法，并适当补偿客人，如赠送免费房券、会员积分。

7. 另起一段，再次感谢客人通过邮件向酒店反映情况，主动提出进一步沟通的意向，并向客人表达出希望能弥补此次遗憾的友好态度。如果客人投诉时提供的信息不充分，可以通过邮件进一步询问相关信息或邀请客人通过电话进行沟通。

8. 另起一行，顶格书写结尾敬语。信函结尾敬语相比邮件更为正式，酒店通常使用 Yours faithfully/sincerely/truly，其中，Yours 可以与后面的内容颠倒，如 Sincerely yours。

9. 另起一行，顶格署名。署名顺序为写信人的姓名、部门名称、酒店名称。

示例：

SHANGHAI PARK HOTEL

No.88, × × Road, × × District, Shanghai, China

（酒店地址）　　　　　　　0003258

Li（客人的完整姓名）
客人的邮箱地址

Shanghai,Aug 6th, 2022

REPLY TO YOUR FEEDBACK

Dear Ms. Li,

Warmest greetings from Shanghai Park Hotel. Thank you so much for sharing your valuable feedback with us. We can improve ourselves better with the guest like you.

As the general manager of Park hotel, I feel so disappointed that we did not meet your expectations. I sincerely apologize to you for all the inconvenience you have experienced during the check-in process and for the unsatisfied room. I could totally understand how tired and annoyed you are for waiting for such a long time.

In addition, I am very worried about your comments of our staff's attitude. I feel so regretted that they did not offer you any alternative solutions during check-in as well as not give any response when you report your valuable feedback upon check out. I do agree with you that it is definitely unacceptable in a five-star hotel like we are.

But please be rest assured that this is surly not how Shanghai Park Hotel treats their guests. Once we received your feedback, we took immediate actions to check with related departments and staffs. Several debriefings among managers and training sessions among staff have also been held to avoid these kinds of situations from happening again.

To show our sincerest apology, I have attached a voucher of one-night free stay in our Junior Suite in the attachment. We do hope that it could offer us chances to spoil you again by our real luxury service. Please feel free to let me know if we may have this honor.

Once again, thank you so much for sending us this email. We are all looking forward to welcoming you back again.

Yours sincerely,

总经理姓名

General Manager

Shanghai Park Hotel

Tel: × × × × × × × × × × ×

Web: × × × × × × × × × × × × × × × ×

讨论

该邮件是酒店总经理写给客人的回信。在哪些情况下，需要总经理亲自回信？

全文翻译

尊敬的李女士：

您好！

非常感谢您与我们分享您的宝贵意见。正是有了您这样的客人，我们才能更好地提高自己。

作为酒店的总经理，我对我们酒店没有达到您的期望感到非常失望，我为您在入住过程中遇到的所有不便和不令人满意的房间真诚地向您道歉，我完全能够理解您等待这么长时间的疲惫和烦躁。

此外，我对您所提及的关于员工态度的问题感到担忧。真的非常抱歉，办理入住手续遇到问题时，我的员工没有给您提供任何可替代的解决方案，而当您在退房阶段反馈意见时，他们也没有给予您任何回应。我完全同意您的观点，作为一家五星级酒店，这样的服务绝对是不能被顾客接受的。

但请您放心，这并不是上海公园大酒店的待客之道。收到您的反馈后，我们立即采取了行动，与相关部门和员工核实情况。我们多次召开管理人员会议和员工培训会议，以避免该类情况再次发生。

为了表达我们最诚挚的歉意，我在附件中附上了一张免费入住一晚套房的房券。希望您能再给我们一次机会，让我们为您提供真正优质的服务。

再次感谢您给我们发送该邮件，期待您的再次光临。

此致，

敬礼！

姓名

总经理

上海公园大酒店

电话：××××××××××

网址：×××××××××××

四、发送邮件

与中文邮件发送流程一致。

总结评价

依据世界技能大赛酒店接待项目对于后台内容的相关评分细则，评分方式分为"客观"和"主观"两部分。"客观"部分主要评判回复客信中有无步骤上的遗漏，如无特殊说明，只有"全部得分"和"不得分"两种情况。"主观"部分则根据选手的表现进行权重打分。请将分值除以 3 后乘以该项的权重，计算该项的最终成绩。

表 5-2-4　预订确认信客观评分表

序号	评价项目	评价标准	分值	得分
1	格式	使用正确的邮件格式	2	
		使用正确的信函格式	2	
2	邮件内容	使用正确的称谓称呼客人	0.5	
		感谢客人选择酒店	0.5	
		邀请客人查看附件	1	
3	信函内容	使用正确的称谓称呼客人	0.5	
		感谢客人选择酒店	0.5	
		与客人确认姓名、预订确认号、抵店日期、退房日期、入住人数、房间数、预订房型、每晚房价、总房费、餐饮套餐、特殊要求等信息。每提及一项得 0.5 分	2	
		详细回应客人的特殊要求	5.5	

（续表）

序号	评价项目	评价标准	分值	得分
3	信函内容	告知客人房价中已包含的权益，如免费享用早餐、无线网、健身房、游泳池。每提及一项得 0.5 分	2	
		告知客人酒店相关规章制度，如入住时间、退房时间、预订担保、取消规定。每提及一项得 0.5 分	2	
		主动表达进一步联系的期望和对客人的欢迎	0.5	
总分			19	

表 5-2-5　预订确认信主观评分表

序号	评价项目	评价标准	分值	权重	得分
1	格式设计	格式不正确	0	5	
		仅使用邮件或信函格式回复	1		
		使用"邮件 + 信函"的形式回复，并正确使用页眉、页脚	2		
		使用"邮件 + 信函"的形式回复，正确使用页眉、页脚，且页面整体设计美观，符合酒店的定位	3		
2	增值销售	未进行增值销售	0	5	
		仅额外告知客人酒店的一项设施与服务，但未尝试销售	1		
		有针对性地增值销售酒店的一项设施与服务	2		
		有针对性地增值销售酒店两项及以上的设施与服务	3		
总分					

表 5-2-6　投诉回复信客观评分表

序号	评价项目	评价标准	分值	得分
1	格式	使用正确的邮件格式	2	
		使用正确的信函格式	2	
2	邮件内容	使用正确的称谓称呼客人	0.5	
		感谢客人通过邮件联系酒店	0.5	
		邀请客人查看附件	1	

（续表）

序号	评价项目	评价标准	分值	得分
3	信函内容	使用正确的称谓称呼客人	0.5	
		感谢客人通过邮件联系酒店	0.5	
		向客人道歉	0.5	
		告知客人酒店已采取的措施	2	
		为客人提供赔偿	0.5	
		主动表达进一步联系的期望和对客人的欢迎	0.5	
总分			10.5	

表 5-2-7　投诉回复信主观评分表

序号	评价项目	评价标准	分值	权重	得分
1	格式设计	格式不正确	0	5	
		仅使用邮件或信函格式回复	1		
		使用"邮件＋信函"的形式回复，并正确使用页眉、页脚	2		
		使用"邮件＋信函"的形式回复，正确使用页眉、页脚，且页面整体设计美观，符合酒店的定位	3		
2	妥当处理	未向客人道歉，且未提出处理办法	0	5	
		简单向客人道歉，提出处理办法，但不够合理	1		
		真诚地向客人道歉，与客人感同身受，提出较为合理的处理办法	2		
		真诚地向客人道歉，与客人感同身受，提出完善的处理办法	3		
3	语言	中文／英文内容不通顺，有较多语法错误或用词不当	0	5	
		中文／英文内容较简单，有部分语法错误或用词不当	1		
		能熟练使用中文／英文书写，有少量语法错误或用词不当	2		
		能熟练使用中文／英文书写，没有语法错误，使用正式词汇	3		
总分					

 拓展学习

回复第三方平台的投诉留言的流程是什么？回复内容与回复客人发送至酒店邮箱的投诉信的内容有什么不同？

回复第三方平台的投诉留言的流程，与回复客人发送至酒店邮箱的投诉信的流程大致相同。但在回复第三方平台的留言时，应注意不得为客人提供赔偿。

回复第三方平台的投诉留言的流程如下：

1. 问候并感谢客人留言；

2. 向客人道歉并表示感同身受；

3. 告知客人酒店已采取的措施，如把相关事件上报酒店管理者、加强对相关员工的培训；

4. 再次向客人道歉，表示感谢，期望能与客人取得联系。

 思考与练习

一、思考题

1. 如果客人通过邮件询问酒店会议室信息，回复时应包括哪些要点？

2. 如何撰写酒店清洗外墙、消防演练等内容的客信？

二、技能训练题

你是上海公园大酒店预订部的员工。某天，你在查看部门邮箱时注意到刘女士发送的一封邮件。请你根据酒店客房问询回复流程，尽快回复刘女士的邮件。

发件人：刘 ××（邮箱地址）

收件人：上海公园大酒店（邮箱地址）　　　　抄送和密件抄送

日期：××××年 8 月 9 日 17：05

主题：酒店客房问询

上海公园大酒店预订部：

　　你好！

我 9 月要来上海出差，9 月 20 日到达，9 月 27 日离开。我要借助轮椅出行，我想知道贵酒店是否有无障碍房型和无障碍设施。9 月 21 日 8：00，我有一个重要会议，希望贵酒店能在我入住当天把熨斗和熨衣板提前安排在房间内，谢谢。期待你们的回音。

　　此致，
敬礼！

刘 ××
×××× 年 8 月 9 日

附录 《酒店接待》职业能力结构

模块	任务	职业能力	主要知识
预订	1. 一般客人预订办理	1. 能了解酒店为一般客人办理预订手续的程序； 2. 能理解并熟记酒店常见的预订方式； 3. 能及时处理一般客人在预订过程中提出的个性化需求； 4. 能在酒店无房可售时，婉拒客人的预订； 5. 能树立良好的服务意识，积极主动地为客人提供优质的服务	1. 预订流程； 2. 酒店常见的预订方式； 3. 酒店常见的取消规定； 4. 处理预订变更的步骤； 5. 无可售房的处理办法； 6. 婉拒客人预订的方法； 7. 预订未到的处理办法
	2. 特殊客人预订办理	1. 能了解特殊客人的分类； 2. 能掌握不同类型客人的接待注意事项； 3. 能了解酒店为特殊客人办理预订手续的程序； 4. 能及时处理特殊客人在预订过程中提出的个性化需求； 5. 能树立良好的服务意识，把握交流沟通的原则	1. 特殊客人的分类； 2. 家庭娱乐客人的接待注意事项； 3. VIP客人的接待注意事项； 4. 残障客人的接待注意事项； 5. 顶级VIP客人的预订流程； 6. 酒店公共区域和客房内的无障碍设施
入住	1. 一般客人入住办理	1. 能熟练掌握押金收取、增值销售、特殊情况处理等相关知识； 2. 能了解酒店为一般客人办理入住登记手续的程序； 3. 能有针对性地向客人推销酒店的设施与服务； 4. 能及时处理客人在入住过程中提出的个性化需求； 5. 能严格遵守《旅馆业治安管理办法》，如实填写入住登记单，严格查验客人身份	1. 入住流程； 2. 实名登记的必要性； 3. 增值销售的步骤和方法； 4. 押金收取的原因和规则； 5. 客人提前抵达酒店的接待方法
	2. 特殊客人入住办理	1. 能列举酒店接待VIP客人时涉及的部门及各部门的工作内容； 2. 能在客人入住时有针对性地为其介绍酒店提供的特殊设施与服务； 3. 能为VIP客人办理入住登记手续并介绍房间； 4. 能及时处理其他客人委托酒店向VIP客人赠送礼物、询问VIP客人信息等情况；	1. 酒店亲子服务； 2. 酒店快速入住、管家服务； 3. 酒店为不同类型的残障客人提供的针对性设施与服务； 4. 顶级VIP客人抵达酒店前，前厅部的准备工作； 5. 其他客人询问VIP客人信息或向VIP客人转交物品的处理方法；

模块	任务	职业能力	主要知识
入住	2. 特殊客人入住办理	5. 能严格遵守酒店相关规章制度，把客人的隐私和安全放在首位，不外传 VIP 客人的隐私信息，不泄露 VIP 客人的行程安排	6. 接待 VIP 客人时，酒店各部门的工作内容
在店	1. 投诉处理	1. 能理解酒店客人投诉的范畴； 2. 能列举投诉处理中的不当行为； 3. 能根据客人投诉的类别和投诉处理的相关知识处理投诉； 4. 能灵活掌握处理各类投诉的方法和技巧； 5. 能在处理投诉的过程中，提升爱岗敬业、友善待人的工作品质	1. 重视客人投诉的必要性； 2. 投诉的分类方法； 3. 处理投诉时的常见错误行为； 4. 投诉处理步骤； 5. 处理各类投诉时应遵循的原则和方法
	2. 突发事件处理	1. 能熟练掌握突发事件的概念、分类等相关知识； 2. 能列举酒店在预防火灾和台风所造成的次生灾害方面的措施； 3. 能掌握酒店处理各类典型突发事件的程序和方法； 4. 能根据实际情况灵活处理客人受伤、酒店停电等突发事件； 5. 能在日常工作中以客人生命财产安全为重，自觉履行酒店消防安全、卫生防疫安全规定	1. 突发事件的概念； 2. 突发事件的分类； 3. 抢劫、打架斗殴、自然灾害、电梯故障等典型突发事件的应急措施； 4. 客人受伤的处理流程； 5. 客人报告食物中毒的处理流程； 6. 异物梗阻的急救方法； 7. 胸外按压流程与注意事项； 8. 火灾的预防
	3. 旅游推荐	1. 能了解旅游景点的分类； 2. 能理解在互联网高度发达的当下，掌握旅游推荐技能的必要性； 3. 能根据客人的需求为其提供个性化的旅游推荐服务； 4. 能为客人规划旅游行程，提供订票和预约相关服务，向客人声明取消条件； 5. 能在旅游推荐过程中，树立良好的服务意识，积极主动地为客人提供优质的服务	1. 掌握旅游推荐技能的必要性； 2. 旅游推荐的流程； 3. 旅游推荐的类型； 4. 介绍旅游线路时的注意事项； 5. 旅游景点的分类
	4. 设施与服务问询处理	1. 能了解为客人预订酒店会议室、餐厅等设施与服务的程序； 2. 能熟练掌握酒店会议室相关设施设备的知识，并为客人推荐合适的酒店会议室；	1. 酒店设施与服务问询的常见内容； 2. 常见的会议室布置类型； 3. 常见的用餐情景及餐厅推荐时的注意事项；

模块	任务	职业能力	主要知识
在店	4. 设施与服务问询处理	3. 能熟练掌握乳糖不耐受、素食主义、无麸质等餐饮知识，熟记不同文化背景客人的餐饮习惯，并为客人推荐合适的酒店餐厅或社会餐厅； 4. 能掌握一定的营销技巧，并尝试进行增值销售； 5. 能自觉尊重不同文化背景客人的饮食习惯，增强自主学习意识，提升专业素质和专业技能	4. 常见饮食偏好和禁忌的含义及接待时的注意事项； 5. 水疗的服务项目
退房	1. 一般客人退房办理	1. 能熟练掌握不同付款方式及其结账操作的相关知识； 2. 能了解酒店为一般客人办理退房手续的程序； 3. 能根据团队退房的接待流程为团队客人办理退房手续； 4. 能根据酒店的规章制度和程序及时处理客人延迟退房、续住等个性化需求； 5. 能在退房接待过程中，严格按照酒店财务制度，正确开具发票	1. 退房流程； 2. 现金、信用卡、支票和转账结算的注意事项； 3. 办理延住的流程； 4. 换房流程； 5. 延迟退房的含义和方法； 6. 团队结账的步骤及注意事项
	2. 特殊客人退房办理	1. 能掌握上门散客、在第三方预订平台预订的客人、公司客人、旅行社客人、团队客人常用的财务备注信息； 2. 能熟练掌握系统操作方法，根据客人的要求准备账单； 3. 能根据财务备注信息，在系统中为使用不同结账方式的客人正确办理退房手续； 4. 能掌握接待 VIP 客人、残障客人、在酒店意外受伤的客人、在入住期间投诉的客人等特殊客人的注意事项，为客人提供退房服务； 5. 能在退房接待过程中，严格按照酒店财务制度，正确开具发票	1. 退房时常见的财务备注及其含义； 2. 上门散客常用的财务备注； 3. 通过第三方平台预订的客人的常见财务备注； 4. 公司客人、旅行社客人、团队客人的常见财务备注； 5. VIP 客人、残障客人、在酒店意外受伤的客人、在入住期间投诉的客人在退房接待时的注意事项
后台	1. 核算关键数据	1. 能了解酒店日用房、免费房、维修房、故障房、自用房等房态的含义； 2. 能理解酒店动态定价法的实施方法和无限制市场需求的计算方法； 3. 能根据公式正确计算与酒店收益相关的关键数据；	1. 平均房价、出租率、每间可售房收入、平均房价指数、市场渗透指数、每间可售房收入指数的计算方法； 2. 平均房价指数、市场渗透指数、每间可售房收入指数的含义；

模块	任务	职业能力	主要知识
后台	1. 核算关键数据	4. 能计算平均房价指数、市场渗透指数、每间可售房收入指数，并分析酒店运营情况； 5. 能在核算酒店关键数据的过程中做到细心、耐心、用心，确保数据计算准确，结果清晰且便于阅读	3. 自用房、免费房、故障房、维修房、半日房的含义； 4. 动态定价法的必要性和实施方法； 5. 酒店竞争对手的选择方法
	2. 电子信函写作	1. 能了解中英文信函的写作规范； 2. 能根据中英文信函写作规范，回复投诉信和第三方平台留言，完成预订确认信的写作； 3. 能根据中英文信函写作规范，回复客人的旅游咨询邮件，为客人合理安排行程； 4. 能根据客人的需求，通过信函写作的方式，有针对性地为其推荐酒店房型、设施与服务； 5. 能高度重视客人的隐私与信息安全，不外泄客人的邮箱、电话、信用卡号等信息	1. 酒店常见信函写作情景； 2. 中英文邮件和信函写作的注意事项； 3. 酒店确认信应包含的内容； 4. 回复问询酒店客房信息的邮件的方法； 5. 回复问询旅游行程的邮件的方法； 6. 回复投诉邮件的方法； 7. 回复第三方平台留言的方法

编写说明

　　《酒店接待》是世界技能大赛项目转化教材，由上海商学院酒店管理学院联合行业专家，按照上海市教育委员会教学研究室世赛项目转化教材研究团队提出的总体编写理念、教材结构设计要求，共同编写完成。本教材可以作为高等教育及高等职业教育院校酒店管理相关专业的拓展和补充教材，建议完成主要专业课程的教学后，在专业综合实验、实训或顶岗实践教学活动中使用，也可以作为相关技能职业培训教材。

　　本教材由上海商学院酒店管理学院姜红、裘亦书、丁延芳担任主编，宋志培、周伟、连雨沁担任副主编。教材具体编写分工如下：姜红负责酒店接待世赛标准分析、教材内容设计以及教材开发的组织协调，撰写教材介绍、附录。丁延芳撰写模块一，宋志培撰写模块二，裘亦书撰写模块三，周伟撰写模块四，连雨沁撰写模块五，邵高烽参与撰写模块一、模块二、模块三（任务一）。全书由编写组统稿。

　　在编写过程中，上海商学院有关领导给予了关心和大力支持，多次得到上海市教育委员会教学研究室谭移民老师的悉心指导，以及陈家瑞先生、董佳女士、冯颖女士、贾筠先生、姜甜甜女士、邵高烽先生、孙遇安先生、吴倩芸女士、周天渊先生等多位专家的建议，上海虹桥绿地铂瑞酒店提供了照片拍摄场地，上海商学院艺术设计学院赵平老师和李永丽同学在插图制作上提供了支持和帮助，在此一并表示衷心感谢。

　　欢迎广大师生、读者提出宝贵意见和建议。

图书在版编目（CIP）数据

酒店接待 / 姜红，裘亦书，丁延芳主编. — 上海：
上海教育出版社，2023.6
ISBN 978-7-5720-1887-9

Ⅰ.①酒… Ⅱ.①姜… ②裘… ③丁… Ⅲ.①饭店 –
商业服务 – 教材 Ⅳ.①F719.2

中国国家版本馆CIP数据核字(2023)第100820号

责任编辑　杜金丹
书籍设计　王　捷

酒店接待
姜　红　裘亦书　丁延芳　主编

出版发行　上海教育出版社有限公司
官　　网　www.seph.com.cn
地　　址　上海市闵行区号景路159弄C座
邮　　编　201101
印　　刷　上海普顺印刷包装有限公司
开　　本　787×1092　1/16　印张 12
字　　数　264 千字
版　　次　2023年6月第1版
印　　次　2023年6月第1次印刷
书　　号　ISBN 978-7-5720-1887-9/G·1696
定　　价　45.00 元

如发现质量问题，读者可向本社调换　电话：021-64373213